U0485924

重新发现教师

吴康宁 著

南京师范大学出版社

图书在版编目(CIP)数据

重新发现教师 / 吴康宁著. ——南京：南京师范大学出版社，2017.2
ISBN 978-7-5651-3053-3

Ⅰ.①重… Ⅱ.①吴… Ⅲ.①教育研究 Ⅳ.①G40-03

中国版本图书馆 CIP 数据核字(2016)第 297626 号

书　　名	重新发现教师
作　　者	吴康宁
策 划 人	戴联荣　张　文
责任编辑	王　艳
出版发行	南京师范大学出版社
地　　址	江苏省南京市宁海路 122 号(邮编:210097)
电　　话	(025)83598919(总编办)　83598412(营销部)　83598297(邮购部)
网　　址	http://www.njnup.com
电子信箱	nspzbb@163.com
照　　排	南京理工大学资产经营有限公司
印　　刷	江阴金马印刷有限公司
开　　本	787 毫米×960 毫米　1/16
印　　张	10.75
字　　数	167 千
版　　次	2017 年 2 月第 1 版　2017 年 2 月第 1 次印刷
书　　号	ISBN 978-7-5651-3053-3
定　　价	29.00 元
出 版 人	彭志斌

南京师大版图书若有印装问题请与销售商调换

版权所有　侵犯必究

自序

教师的重要性不言而喻。所谓"教育兴国、教师兴教",所谓"民族的希望在教育、教育的希望在教师"等等,语词虽然有所差异,但都在强调:教师很重要,重要得不行。

于是,对国家而言,如何培养大批合格的乃至优秀的教师,也就成了一件重要的事情,重要得不行;而对教师个人来说,如何成为一个合格的乃至优秀的教师,同样成了一件重要的事情,重要得不行。

笔者目光短浅,对于国家层面上教师培养的战略、体制及政策之类的问题实在是端详不清、思索不透。而且,对于此类宏大问题,自有许多视野开阔、心明眼亮的高人持续不断指点江山、激扬文字,根本轮不到如我之流妄加议论。

好在笔者自身就是一个教师,对于如何才能成为一个合格的乃至优秀的教师有着切身感受,尽管这些感受中成功的经验少之又少,失败的教训多而又多。因此,近十年来,笔者利用在一些讲坛、研讨会上发言的机会,围绕"今天我们如何当教师"这个话题有一搭没一搭地进行一些反思、展开一些分析、提出一些主张。

要知道,笔者这样做其实是拿出了十二分的勇气。因为,早在笔者发声之前,"今天我们如何当教师"就已经是一个被人们广泛议论的话题;说得难听一点,已经是一个被人们谈烂了的话题。而且,议论者、阐述者、宣讲者中包括诸多学术名家和学校名师。经过他们情理交融、掷地有声的指点和呼吁,在"今天我们如何当教师"这个问题上,似乎已经形成许多定论,已经没有多少可以继续讨论的空间。在这种情况下，功力相当欠缺的笔者即便使出洪荒之力，又能有多大出息？

但，人总是要有一点精神的。而且，再完美的东西也总会有一些缝隙的，这是上苍对世间众生万物的一种智慧安排。考虑到这一点，笔者稍稍坦然了一些，虽仍无足够底气，却顿生莫名胆量。

所幸的是，通过耙梳和比较，笔者还真的发现，迄今人们对于"今天我们如何当教师"这个问题的许多认识，可以说相当程度上都在围绕着"如何当教师"这个基本问题原地打圈圈，进行着诸多重复性探讨和循环性言说，而很少把视线真正聚焦于"今天"这两个字，去真诚地、用心地、真实地、细细地琢磨一下，在"今天"这样一个区别于过去的时代里，究竟如何当教师。

举个最简单的例子。这么多年来，人们一直都在讲教师应当学会尊重、学会鼓励、学会宽容、学会公正、学会赏识等等。毫无疑问，这些"学会"都没有错，还可以列举出更多的"学会"来。不过，在笔者看来，对于"今天"的教师来讲，仅仅有这些"学会"是不够的。因为，"今天"这个时代有着"过去"所没有的一些重要特征，并因此对教育、对教师有着"过去"所没有，且即便过去有也相当淡弱的一些基本要求。于是，在"今天"这样一个时代里当教师，就不能不回应"今天"的挑战，不能不具备"今天"的素质，不能不培养"今天"的学生。

比如，只要我们不是采取鸵鸟方式，那就不能不承认，"今天"是一个特别需要每一个个体昂首站立起来的时代。那么，在"今天"这样一个时代里，教师该有怎样的素质，才能把学生真正培养成"站立着的人"？

再比如，"今天"又是一个特别需要创新的时代。可是，创新是可以通过教育让每一个学生都能获得的品质吗？如果是，教师究竟该有怎样的奇招妙术才行？如果不是，教师又该如何对待那些所谓"不能创新"的学生？

又比如，"今天"还是一个假丑恶空前泛滥、泛滥到会威胁人们每一天的日常生活的时代。事实早已表明且越来越表明，面对这些假丑恶，单一的"爱的教育"已经势单力薄。既然如此，那要不要培养学生的一点"恨"？当然，这里所说的"恨"，不是"仇恨"的恨、"嫉恨"的恨、"怨恨"的恨，而是"痛恨"的恨，是对于缺乏人性、缺乏良知、缺乏道德的一切丑陋行径的深切愤恨。如果不要培养,那么,一个正义的美好的社会究竟何以可能? 如果要培养,则教师居然也可对学生进行"'恨'的教育"?

还可有更多的"比如"。但仅此是否已可表明,对于"今天我们如何当教师"这个问题,真的有许多可以探索的空间。只要我们怀有促进学生健康成长、推动社会健康发展的真诚目的,只要我们采取实事求是的态度,只要我们敢于回应"今天"这样一个时代的挑战,那么,我们对于在"今天"这样一个时代里如何当教师的问题,就不可能全无新的发现。

在这个意义上,也仅仅在这个意义上,不妨说在"今天我们如何当教师"这个问题上,有必要来一番"重新发现",尽管这种重新发现绝非意味着对于迄今有关这个问题的种种正确、美好的观点的任何否定。

希望这本小集可成为"重新发现教师"之旅中的一个组成部分,尽管只是一个微不足道的部分。真心期盼读者的批评意见,但愿读者看后不会觉得里面所讲的,别人全都已讲过,毫无新意可言。那会让笔者无言以对。

南京师范大学出版社戴联荣副总编精心策划与定向,张文、王艳责编费心协调与编辑,使得小集能以现在这样的形象问世。韩月、石亚兵、杜连森将部分讲演的视频或音频文件转录为文字,费了不少功夫。一并表示由衷感谢!

是为序。

吴康宁

2016 年 10 月 24 日于金陵天地居

目录

自　序 /1
师爱是一种怎样的爱 /1
今天，我们如何做教师 /14
教师自身专业发展谁做主 /51
育人：育什么人 /64
面向每一个学生的创新教育 /103
要不要让学生学会一点"恨" /117
学生发展需要什么样的班级 /122
信息技术怎样"进入"课堂教学 /152

师爱是一种怎样的爱

（2010年12月10日，南京）

各位同人：

因为昨天才回到南京，时差还没有倒过来，所以感到有气无力，我尽量振作一点。（笑声）

今天我们在这里纪念斯霞诞辰一百周年，斯霞是不知道的，（笑声）她在将近七年前就已经远离我们而去，十分宽慰而又相当遗憾地移步到另一个世界。

之所以说"十分宽慰"，是因为有斯霞的墓碑为证。那墓碑上刻着斯霞的墓志铭："我为一辈子做小学教师感到自豪。"这墓志铭轻柔、舒缓而又掷地有声。是的，在她七十六年的从教生涯中，从花季少女到耄耋之年，从晨曦初出到夜深人静，从灵魂到身体，斯霞把一切都毫无保留地献给了她所挚爱的教育事业，献给了她所深爱的学生，她真的是问心无愧！

之所以又说"相当遗憾"，也有斯霞本人的话语为证。早在20世纪80年代末，斯霞就对总也改变不了的学生负担过重的现象忍无可忍，于是用近乎悲壮的语气呐喊道："我要大声疾呼：减轻负担，救救孩子们！"在这之后，直到她2004年去世的十五六年间，斯霞对于教育的价值取向问题、对于儿童的成长发展问题，一直在关注、一直在反思、一直在呼吁，并且因为许多问题一直未见根本好转而忧心忡忡。正如她的子女们所说，斯霞的晚年并不快乐！

那么，斯霞去世之后又是怎样的情形呢？很不幸，任何一个敢于面对现实的人都不能不承认，在教育的价值取向方面，在儿童的成长发展方面，总体状况依然未见有根本好转，某些方面甚至每况愈下：应试教育的魔杖依然拨动着许许多多学校的神经（请原谅我用"许许多多"这个词），许许多多的教师依然在自觉地不自觉地、"辛辛苦苦"地摧残着学生的身体和心灵，许许多多的学生依然是日复一日地挣扎在考试地狱的水深火热之中。对于教育问题的反思连绵不绝，"救救孩子"的呼声此起彼伏。

这到底是为什么？对此，斯霞真的是心明眼亮，她在上世纪末曾经一针见血地指出："现在，有一些现象之所以改变不了，归根到底是教师心中对学生缺乏爱。"其实，对于这个问题，我刚才提到的"辛辛苦苦摧残学生"的许许多多的教师同样心知肚明，他们虽然绝对不会说"我不爱学生"，但他们心中绝对缺乏对学生的爱。

于是，这里的问题就变成了：为什么许许多多的教师对学生缺乏爱？为什么教师爱学生这么难？教师爱学生究竟有多难？我觉得我们有必要稍微认真一点、仔细一点、清楚一点地回答这些问题。为此，我们就不能不首先审视下：人们所热切期盼、不断呼吁的教师对学生的爱究竟是一种什么样的爱？

这就涉及师爱的理念问题了，我也想借这个机会谈谈我的认识，谈谈我在学习斯霞的爱的思想和实践的基础上所形成的几点认识。

> 为什么教师对学生缺乏爱？
> 为什么教师爱学生这么难？
> 教师爱学生究竟有多难？

理　念

第一，真正的师爱是公爱，而不是"私己的爱"。

"私己的爱"指的是个人之间的爱，包括伙伴之间的友爱、兄弟姐妹之间的手足之爱、恋人及配偶之间的情爱以及父母与子女之间的亲子之爱等等，这些都是私己的爱。私己的爱可以很动人、很感人，因为爱的主体为了爱的对象可以做出牺牲,甚至献出自己的一切。譬如,姐姐为肾功能衰竭的妹妹捐肾,母亲在躲避不及的情况下将女儿奋力推向一边、自己却葬身车轮之下。这些都是催人泪下的爱、感天动地的爱。但是,请注意,这些爱本身并不担负社会责任,也不追求社会效果,它总归同爱的主体有关。道理很简单,姐姐是在为自己的妹妹,而不是为别人的妹妹捐肾,母亲是将自己的女儿,而不是将别人的女儿推向车轮之外,尽管他们的捐肾行为、救女儿的行为很壮烈、也很伟大。

而且,更重要的是,由私己的爱所产生的行为有时也会妨碍或损害他人与社会的利益。譬如,一个父亲为了能让自己十分疼爱的女儿获得更好的教育机会,不惜侵吞祖国财产,作为女儿出国留学的费用;一个儿子为了保全母亲的安全,不惜叛变投敌,向日本鬼子供出地下党的行动计划。(笑声)你能因为这个父亲侵吞了国家财产就说他不爱他的女儿吗?你能因为这个儿子叛变投敌就说他不爱他的母亲吗?当然不能。他们侵吞国家财产的行为、叛变投敌的行为也是爱的一种结果,只不过是妨碍、损害他人或社会利益的私己之爱的行为的一种结果。

显然,师爱不属于"私己的爱",而是一种"公爱"。

这里所谓的"公",指的是"社会"。也就是说,教师是代表社会来爱学生的,是要让学生感到不光他的父母是爱他的,他的家庭是温暖的,而且和他非亲非故的教师也是爱他的,由社会派来教育他的这些成年人也是爱他的。除了家庭之外,社会当中至少还有学校这样一个温暖的场所。师爱的理想效果并不在于使得学生也爱教师个人,而在于使学生懂得同样要去爱社会中的其他人。这是师爱的根本。

换句话来讲,第一,师爱的根本要求来自社会,社会要求教师必须爱学生,尽管每一个深爱学生的教师都会有爱学生的内心需求;第二,师爱的最终效应指向社会,是要使学生成为热爱生活、热爱他人、热爱社会的人,尽管师爱的效应中也包括学生爱教师个人。

因此,在这个意义上,师爱实际上是一种桥梁。什么桥梁?是连接社会与学生之间的一种情感的桥梁。学生和社会之间如果没有情感的联系,那就完了,这个社会就完了,这个学生也就完了。师爱的这种桥梁的意义,我认为要比人们通常所说的促进学生学习的动力的意义深远得多。

由于师爱的对象不是自己的孩子,而是别人的孩子,因此,能够像爱自己的孩子一样去爱别人的孩子,也就更伟大。因为,爱自己的孩子确

公 爱	
爱在社会	神圣的爱
社会代表者	爱的责任

实真的是像斯霞所说的那样,是动物也能做得到的。而且,在某种意义上,在许多情况下,动物做得比人更好。所以,一个教师在地震的时候用自己的身体保护学生的行为,比起一个父亲或者母亲用自己的身体保护子女的行为,确实要更加惊天地、泣鬼神。这样的教师,我认为不光很伟大,而且很神圣。因此,作为"公爱"的师爱,真的是一种"神圣的爱"。

斯霞没有经历过地震,但她爱学生胜过爱自己的孩子,她在病中呼唤的不是她爱人的名字,也不是自己的儿女的名字,而是学生的名字。斯霞对学生的爱,真的是一种神圣的爱。

说师爱是一种公爱,我想凸显的是作为社会代表者的教师的一种爱的责任。教师如果不愿意承担这样的责任,就很难持之以恒地去爱别人的孩子。

第二,师爱是全爱,而不是"失衡的爱"。

我这里讲的"失衡的爱"有两种情况。

第一种情况是因为爱之心切而忽视严格要求,结果变成了宠爱、溺爱。或者,因为爱之心切而催之太急,逼之太甚,结果变成了扭曲的爱,变形的爱。这在我国当下的父爱和母爱当中,可以说相当普遍。

第二种情况是爱的情感与行为只涉及爱的对象(比方说学生或子女)的某一方面或某些方面,而不是他的所有方面、他的整个的人。譬如,家长对于子女的爱只体现在关心孩子的知识学习和技能掌握方面,而忽视孩子的身体健康;或者,只在乎孩子的身体健康,而忽视孩子的人格发展;或者,只重视孩子的人格发展,却忽视孩子的批判精神、创造力、想象力的培养。这些爱都是失衡的爱。

真正的师爱不应当是这样,真正的师爱是一种"全爱",一种全面的、整体性的爱。这意味着:

师爱是一种怎样的爱

首先,师爱绝对不是对学生只有关心,没有要求;只有援助,没有监督;只有保护,不问效果。师爱的一个重要特征,就在于它是关心与希望缺一不可,援助与要求缺一不可,保护与评估保护效果缺一不可。只有关心、只有援助、只有保护,那可以是父爱或者母爱,但肯定不是合格的师爱。打一个不一定很贴切的比方,师爱应当是慈母与严父的结合;或者反过来讲,是严母与慈父的结合。

大家可能注意到了,我今天在这里没有单单讲"母爱",而是"父爱""母爱"一起讲。因为在我们这个世界中至少有一半的家长是父亲。你说一个做父亲的,比方说我吧,给予孩子的是母爱而不是父爱,这在逻辑上总归有点不通,语感上也比较别扭,尽管我也知道母爱只是一种比喻。其实,即便是斯霞(为了今天这个会议,我把斯霞写的东西都看过了。我在实习时也听过斯霞老师的课,那是在1981年),一开始也并没有使用"母爱"这个概念。她过去一直讲的都是"爱",教师爱学生,就好像斯霞所欣赏的意大利作家亚米契斯写的《爱的教育》这本书一样,书中那个为儿子修改成长日记的父亲对儿子的深情的爱也只称为"爱",而没有特别地称为"父爱"。所以,如果一定要讲"母爱",那我宁愿父爱、母爱一起讲。

其次,师爱绝对不能只是体现在对学生某一方面或某些方面的关心上,而是应当涉及学生整个人的成长与发展,也就是我们通常所说的德智体等等的全面发展。换句话来讲,师爱所涉及的不只是学生的健康与强壮,不只是学生的活泼与开朗,不只是学生的勇敢与坚强,不只是学生的创新与想象,也不只是学生的朴实与善良,而是学生的所有这一切,即由所有这一切构成的学生整个的人。

全	爱
爱在整体	科学的爱
教育专家	爱的能力

那么我们要问,在这个社会中,谁最应当(我讲的是"应当")有能耐把爱落实为具体的合理的工作目标与行动方案呢?谁最应当有能耐把慈母与严父很好地结合起来,从而促进学生的所有方面、整个人的成长与发展呢?只能是教师!谁让教师是专业教育工作者的呢?教师只能是当仁不让。否则,社会要教师干什么呢?教师应当做到严父与慈母的结合,应当不是片面地,而是全面

地关注、帮助学生整个人的成长与发展。在这个意义上,师爱也可以说是一种"科学的爱"。

这种科学的师爱,斯霞做到了。在品德培育方面,她潜移默化地转变学生;在智能发展方面,她因势利导地启发学生;在身体健康方面,她竭尽所能地帮助学生;在日常生活方面,她无微不至地关怀学生。为了学生的全面发展,斯霞真的是给予了全面的爱,她几乎无所不能。

我在这里讲师爱是一种全爱,想凸显的是作为教育专家的教师的一种爱的能力。一个教师如果只有爱的情感,而没有爱的能力,爱的效果肯定要大打折扣。

第三,师爱是博爱,而不是"偏袒的爱"。

"偏袒的爱"很容易做到,因为几乎我们每个人都有私己的爱——我是讲的"几乎",而所有私己的爱都是偏袒的爱。为什么呢?因为深爱某人往往就意味着很难再去同等程度地爱他人,爱别的人。你深爱你的未婚妻,你可能就很难再去同等程度地爱别的女人;你深爱你的父母,你可能就很难再去同等程度地爱别人的父母。私己的爱必然是偏袒的爱。

毫无疑问,真正的师爱不能是私己的,它只能是一种"博爱",也就是爱自己所教的每一个学生。为什么呢?因为,所有学生在国家的眼里,都是民族的未来;所有学生在父母的眼里,都是家庭的希望;所有学生在他自己的眼里,都是独特的存在。退一万步讲,即便从教师自身价值的实现来讲,所有学生都是缺一不可的。为什么呢?因为我们教师必须通过我们所教的所有学生、必须通过班上的每一个学生来证明我们自己。所以,在这个意义上,也仅仅在这个意义上,学生对于教师而言,其实也是"手心手背都是自己的肉"。

换句话来讲,如果说师爱是一种博爱的话,那就意味着教师的爱与学生的性别无关、与他的成绩无关、与他的个性无关、与他的爱好无关、与他的长相无关、与他的家庭背景等等所有这一切都无关。在这一点上,斯霞真的是典范。她可不管这个学生是不是有一个所谓"畏罪自杀"的"现行反革命"的父亲,或者那个学生是不是脑袋瓜不灵、成绩不好,或者另一个学生是不是经常调皮捣蛋、惹是生非，只要是她教的学生，她都爱、都喜爱、都疼爱、都热爱。斯霞对学生的博爱真的是闪烁着一种平等的光辉。因此，真正的师爱应当是一种"平等的爱"。

所以，博爱便成了师爱的一条准则，而只面向个别学生，或者只面向部分学生的偏袒的爱就成了师爱的一个大忌。偏袒的爱很容易导致未能享受到师爱的那些学生自卑与自弃，导致他们对得到师爱的那些学生不满与妒忌，导致他们对教师乃至成人社会的抵触与怨恨。爱本来是应当有助于平等、有助于团结、有助于平和的，但由于教师的偏袒的爱只给予了部分学生而未洒向全体学生，结果反而成了产生不公、催生分裂、滋生怨恨的一种工具。这种所谓的师爱由于不公正而变得不道德；在这个意义上，与其表达这种偏袒的爱，还不如不爱。

博	爱
爱在所有	平等的爱
公民培育者	爱的品质

说师爱是一种博爱，我想凸显的是作为公民培育者的教师的一种爱的品质。刚才小蔓也谈到了。如果没有这样的品质，偏袒的爱以及与之相伴的师生互动、学校生活对许多学生来讲便会成为痛苦的回忆。

第四，师爱是纯爱，而不是"有偿的爱"。

刚才小蔓也谈到了这一点。"有偿的爱"无须多少解释，因为在现实社会中，有偿的爱比比皆是。父母关心子女，指望养儿防老；影星爱上豪门，看重亿万家产；（笑声）企业向贫困生献爱心，借此扩大知名度、产生广告效应，等等。在这里，爱的主体付出了爱，同时也希望有所回报。如果预计不会有什么回报，或者回报极少，那么，是否还会有爱的付出以及究竟会付出多少，恐怕要打一个大大的问号。因此，这样的爱确实如刚刚小蔓讲的，带有算计的成分、交换的色彩。

真正的师爱不是这种有偿的爱，而是一种"纯爱"。纯净的爱、纯真的爱、纯粹的爱。也就是说，爱就爱了，爱了就不图回报。（笑声）它没有算计的成分，没有交换的色彩。这是可以由师爱的结果来说明的。师爱的结果是学生的健康成长与发展，而学生健康地成长与发展了，谁受益呢？有两个受益主体：一个是学生自身，因为学生的身心发生了积极的变化；另一个是社会，因为未来社会的希望有赖于现在的学生的健康成长与发展。

但我这样讲也不意味着师爱就是纯粹的付出，没有任何回报。师爱其实既是一种给予，也是一种获取。这种获取就在师爱付出的过程之中，在于教师从爱学生这一过程本身所获得的心灵满足和精神享受。而且，退一步讲，学生的健康成长与发展作为师爱的一种结果，其实也是教师的存在价值以及教师教书育人本领的有力证明。

所以，在这方面，我们同样能体会到斯霞的伟大。斯霞对学生的爱晶莹剔透，没有任何杂质；斯霞对学生的爱如痴如醉，没有任何旁骛；斯霞

纯	爱
爱就爱了	高尚的爱
行为楷模	爱的境界

对学生的爱持之以恒，不见任何倦怠。即便是对伤害过自己的学生，她也爱心不改。她在"文化大革命"中对贴出批判自己的大字报的学生不仅没有怀怨在心，而且还向这个学生指出大字报上的错别字。（笑声）这是一种怎样的人格、怎样的胸怀！所以，真正的师爱是一种"高尚的爱"。在今天这样一个功利化的社会里，讲"高尚"这个词可能显得有点异样，但在我看来非常正常。

我在这里说师爱是一种纯爱，想凸显的是作为行为楷模的教师的爱的一种境界。没有这样一种境界，师爱在一定程度上便会异化和变味。

现在让我来集中地梳理一下师爱的理念。第一，师爱是一种公爱，它源自社会、指向社会，因此是神圣的爱。这里的关键词是"社会代表

师 爱 的 理 念				
公 爱	爱在社会	神 圣	社会代表者	爱的责任
全 爱	爱在整体	科 学	教育专家	爱的能力
博 爱	爱在所有	平 等	公民培育者	爱的品质
纯 爱	爱就爱了	高 尚	行为楷模	爱的境界

者"，是"爱的责任"。第二，师爱是一种全爱，它是全面的、整体性的，因此是科学的爱。这里的关键词是"教育专家"，是"爱的能力"。第三，师爱是一种博爱，它是对所有学生的爱，因此也是平等的爱。这里的关键词是"公民培育者"，是"爱的品质"。第四，师爱是一种纯爱，它爱就爱了，因此是高尚的爱。这里的关键词是"行为楷模"，是"爱的境界"。

师爱是一种怎样的爱

挑 战

　　这样的师爱就真的不是一件轻而易举的事情了。事实上,我这里列出的四条基本上都是以斯霞爱学生的故事为原型概括出来的。向斯霞学习,这本来就不容易,即便是在南师附小。而在今天的社会境况中,要想使大多数教师都能像斯霞那样全心全意、时时刻刻地爱学生、想学生、为学生,那就更加不容易,因为它意味着我们必须完成一系列艰巨任务,而这些任务对我们来说已经构成严峻的挑战。我这里所讲的"挑战",不是指我们今天的时代对于斯霞的师爱思想的挑战,而是学习斯霞的师爱思想与实践这件事本身对我们的挑战。至于斯霞的师爱思想在今天是否遇到挑战,我还没有来得及思考,我这里只讲学习斯霞的师爱思想和实践这件事对我们来说是一种什么样的挑战。

改造逼良为娼的评价制度

　　中国当下对于学校与教师有着名目繁多、没完没了的评价,包括各种各样的申报、评审、检查、评估、验收等等。这些评价频率之高、内容之烦、要求之多、方式之僵化、效果之虚假,在当今国际教育界恐怕绝对名列前茅,(笑声)它们就像一座又一座的大山,压得学校与教师抬不起头来、喘不过气来,使得校长和教师很难真正静下心来扎扎实实地去研究学生、琢磨教书育人。大家都变得很功利、很浮躁。从某种意义上讲,这些评价的实际作用常常是逼良为娼,或者是把人性之恶的潘多拉盒子频频打开。可以说除了像斯霞那样在任何情况下都能保持爱心的极少数"爱神"之外,绝大多数学校和教师都经不起这些评价的反反复复的催逼与引诱。它的结果,难免会使我们的爱的情感、爱的意志受到严重削弱。因此,必须对中国当下的学校评价、教师评价制度进行根本改造。可是,这种根本改造何时能够真正开工,又何时能够完工?

推崇自我实现的内在价值

　　这一点,刚才小蔓和傅总编也说了。名和利本身并不是坏东西,只要遵守合理规则——我讲的是合理规则,通过正当途径——我讲的是正当途径,那么,即便是教师,争取名和利也就并无多少可非议之处。

但名和利说到底还是身外之物,如果过多地去向往、去关注、去争取,那一定会扰乱自己的内心。对教师而言,也肯定会妨碍对学生的情感投入。同名和利这些身外之物相比,教师还是应当更加注重自我实现这样一种内在的价值,也就是更加注重自身潜能的尽情发挥与充分表现。而这恰恰是要通过学生的成长发展状况来证明的。你有什么能耐?你有什么潜力?你说你行,拿出你的证据来。这个证据就不是什么学习成绩、高考升学率了,而是学生的成长与发展状况。如果学生成长与发展的状况不好,凭什么说你已经很好地自我实现了?假如你不能很好地自我实现,那么,你作为教师而存在、你作为自己而存在的价值就是一个虚、就是一个空。而一旦你把必须用学生的成长发展来证明的自我实现作为一种内在价值,你就会在促进学生的成长与发展上面下功夫。这将促使你去爱学生,促使你去用师爱温暖学生的心灵,激发学生的活力,最终促进学生的成长与发展。于是,你的自我实现也得到了。

可是我也在想,在追名逐利愈演愈烈的中国当下的社会氛围中,要求大多数教师不要过多地关注名与利,而是要注重自我实现的内在价值,这会不会只是一个过于理想化的期待?但是如果我们不实现这个期待,所谓的"师爱",不还是空话吗?

培养热爱祖国的真挚情感

就像我前面讲的一些命题一样,现在讲"热爱祖国",会不会也有点"异样"?但在我看来,同样很正常。我反复看了斯霞的那些文字和其他相关材料,总在想,斯霞爱学生为什么会爱得那么深?斯霞爱学生为什么会胜过爱自己的孩子?我觉得一个很关键的原因,是斯霞同时也深爱自己的祖国,她对祖国的感情太深。其实,在斯霞的眼中,学生并不仅仅是一个孩子,而且也是祖国的花朵。我想即便在今天,斯霞也还会这么说。你只要仔细读一读斯霞的那些文字就会发现,斯霞在谈到爱的时候,在谈到自己的力量源泉的时候,经常都是把孩子与祖国这两者紧紧地联系在一起的。譬如,她说:"教师的心灵是高尚的,他们对祖国的下一代,对祖国的未来,倾注了全部的爱。"譬如,她又说:"一切为着孩子的成长,一切为着祖国的未来。"譬如,她还说:"学生为什么而学?为祖国而学。教师为什么而教?为祖国而教。"我想,在今天,斯霞也许会添加一些话,但"为祖国"这几个字不会删去。因为斯霞深爱自己的祖国,因为她真的把学生看成是祖国的花朵,所以她对学生也就更加热爱,所以这种热爱才会成为公爱,才会爱别人的孩子胜过爱自己的孩子,才会爱得持久,才会经得起屈辱与磨难的考验。我相信,在斯霞那里,至少是这样一种逻辑,除非你认为斯霞讲的是假话。

因此,要想像斯霞那样对学生爱得深、爱得坚定、爱得持久,一个前提确实在于要深爱自己的祖国。如果我们真的深爱我们的祖国,恐怕也没有道理不去深爱作为祖国的花朵的学生。

可是,在极端个人主义大行其道的今天,要使大多数教师都具有像斯霞那样对于祖国的深情、对于祖国的挚爱,谈何容易!

锤炼教书育人的过硬本领

我觉得,斯霞之所以厉害,不仅在于她的语文教学出神入化,而且在于她对学生一往情深。或者倒过来讲,斯霞之所以厉害,不仅因为她在育人方面是"中国的苏霍姆林斯基",而且因为她在教书方面是"小学教育界的梅兰芳"。这两者缺一不可。斯霞既有高超的教书智慧,又有巧妙的育人艺术,是这两方面的完美结合。这就大大增强了斯霞的师爱效果。我们可以想一想,假如斯霞的课上得一塌糊涂,假如斯霞在帮助学生解决日常生活中的问题方面什么也玩不转,那么,她即便爱学生,又能怎么样呢?那就是一般的师德标兵了。(笑声,掌声)

回到刚才的话题,也就是说,师爱,不光有个情感的问题,而且有个能力的问题。爱的能力问题前面已经谈到,现在可以明确地说,师爱的能力主要就是教书育人的本领。你要真的爱学生,你要爱出好的效果来,就得在教书育人上下功夫,就得不断琢磨、不断学习,不断地提高自己、丰富自己。斯霞正是这样,她为了提高爱的能力,真的是什么都去学、什么都去掌握。她甚至还会给正处于换牙期的孩子们拔牙,也不知道为孩子们拔了多少牙。这就让学生们很感动,不光学生们感动,家长们也感动。当然,我不是说我们现在也得给学生拔牙,今天恐怕不行。(笑声)时代不一样了,你现在给学生拔牙,家长还不把你给告了,(笑声)你不讲卫生,你无证行医,(笑声)你居然敢把我们家孩子的牙给拔了?我先把你的牙给拔了!(笑声)

淘汰缺乏素质的不合格者

这得讲一点具体的问题。我们得承认,总有少数人,由于缺乏一些起码的素质,很难去爱学生。其中一个很重要的原因,是他们存在着一些难以改变的个性方面的缺陷。有些人就是不喜欢和孩子在一起,看到小孩就心烦,天生就如此。这样的人是有的。有些人天性就极为内向,内向得木讷,成天地三棍子打不出一个闷屁来。(笑声)还有些人生来就脾气火爆、动不动就发火,怎么改也改不了。你想让他们去爱学生,并且让学生感受到他们的爱,(笑声)那纯属天方夜谭。他们根本就不适合当教师。

那怎么办呢?我很早就主张,今天也还是要呼吁,应当对报考师范专业的考生进行心理测试。这种测试应当能真正把深层的东西测出来,以便对他们的个性心理特征是否真正适合当教师加以甄别,不合适就淘汰。但问题是,现在的教师队伍(上千万人的教师队伍当中)

> **应对挑战**
> 改造评价制度
> 推崇内在价值
> 培养真挚情感
> 锤炼过硬本领
> 淘汰不合格者

已经有相当一部分人不适合当教师了,那又该怎么办呢?说"没辙,因为他们已经是教师了",(笑声)这可不行。我认为应当让他们离开教师岗位,从事其他工作。想当教师又适合当教师的人有的是。但是你可能会说,这可不好办,怎么能张得了口、动得了手呢?在中国现在的人事制度下,不好办。那我就无话可说了。那你就让这些生来就不喜欢孩子的人、生来就极为内向木讷的人、生来就脾气火爆的人继续在教师岗位上待着吧,你就让他们继续地不爱学生、继续地伤害学生、继续地阻碍学生的健康成长与发展吧。

所以,各位同人,此时此刻,我仿佛感觉到,斯霞正在另一个世界里朝我们这个世界眺望。(笑声,掌声)大家也不知道我下面会说什么,就先鼓掌了,(笑声)她似乎很想听听我们在斯霞百年诞辰系列庆典活动上究竟说了些什么,但她更想看看在我们这一系列庆典活动结束后究竟会干些什么。她是会欣慰地点点头呢,还是失望地摇摇头呢?(笑声)我不得而知。但是,在座的各位说不定一清二楚。谢谢!(掌声)

今天,我们如何做教师

(2012年4月8日,北京)

主持人(北京师范大学教育家书院院长郭华教授):

大家好!今天我们终于请来了我们盼望已久的吴康宁老师。吴老师不需要介绍了吧?如需更详细的了解,请自行百度啊。(笑声)吴老师今天准备讲"今天,我们如何做教师"。吴老师有一本与这个题目很相似的书,叫作《假如大师在今天当老师》,是一本既给人深刻启发又有阅读快感的书,建议去读一读。当然,吴老师还有其他重要著作,课后自己去查啊。吴老师讲"我们怎样当教师"这个题目就非常有说服力,因为他就是一个他自己意义上的合格的老师。而且,令人羡慕和向往的是,他总是能和他的学生建立起紧密的亲密关系,(吴康宁插话:不能这么说吧?)就是属于那种相互喜爱的那种,(吴康宁插话:不至于吧。)(笑声)当然,不是说你喜爱我们,而是我们喜爱你。(吴康宁插话:我怎么感觉不到?)(笑声)吴老师是我的老师,他搞教育社会学。一直以来特别困惑,有时候和吴老师就像朋友一样,很随便,但有时候他一下子说一句话,我们马上就能感觉到他是老师,就不敢放肆了。(笑声)吴老师是在不同的群体之间变换身份，有时候可以变成朋友，但和我们本质上还是师生关系。所以呢，师生的距离感还是有的。好，我们就抓紧时间，请吴老师来讲。

各位老师：

　　我一直觉得，对于中老年人来讲，随着年龄的增长，饭量会越来越小，胆量也越来越小，会变得越来越谨小慎微，循规蹈矩。但最近却发现情况并不完全是这样。比方说我自己吧，这些年来随着年龄的增长，饭量确实是越来越小，但是胆量却越来越大。就拿这次来说吧，郭华院长要我来讲一讲，我电话中就问听众都是些什么人。郭华说都是中小学、幼儿园的特级教师啊、优秀教师啊、模范教师啊、杰出教师、教育家啊等等。（笑声）要是在以前的话，肯定立马就推掉了，不可能承接这样的任务。但这次也不知道为什么，她电话一打来，我想也没想就接受下来了。更麻烦的是，要是在以往，我都会问一下讲些什么好，因为我比较喜欢做命题作文，这和在座的各位不一样，你们都有创造性。（笑声）但这次也不知道怎么搞的，问也没问。郭华也没问我讲些什么，我也没说讲点什么，然后鬼使神差地就定了这么个题目。（笑声）然后，一直到昨天晚上都有点后悔，心想在一群教育家面前，来讲"今天，我们如何做教师"，真不知道是吃了什么胆，现在熊也不大好捕。（笑声）但后悔药想吃也来不及了，就随便地讲一点吧。但我想，我也不会让大家一无所获的，今天我至少可以使大家加深对两个成语的理解，一个就是"关公面前耍大刀"，（笑声）还有一个就是"鲁班面前弄大斧"，（笑声）至少可以达到这样的效果。

　　之所以选择这样一个话题，是因为我觉得，在今天的中国，可能除了农民工，就是我们教师最累了。首先就是身体很累！我们中小学教师，包括幼儿园教师，有哪一个在学校里是一天不超过八小时的？有几个是每天下班回家吃过晚饭后就看看电视、打打牌或者逛逛街的？真的很累。

　　除了身体累，心更累，精神更累，因为在我们的头上，有一系列的光环、一系列的要求、一系列的口号。

　　比方说，"太阳底下最光辉的职业"——这是套在我们头上的一道十分耀眼的职业光环。但也正因为十分耀眼，太耀眼，所以常常使人感到不太真实，至少我觉得不太真实。什么叫作"太阳底下最光辉的职业"？难道说在我们这个国家里，在我们这样一个张口闭口讲平等、讲"和谐社会"的国家里，我们真的可以把对于社会运转来讲缺一不可的这些职业区分为最光辉的、比较光辉的、基本光辉的、不光辉的吗？没法这么分。难道说救死扶伤的医务工作者的职业就不光辉吗？难道说为天下人安居、出行而挥汗如雨地盖房、修桥、筑路的建筑工人的职业就不光辉吗？难道说为我们排污、淘粪、清扫垃圾、美化环境的清洁工的职业就不光辉吗？即便是国家公务员，这个职业使用公权力为老百姓办事、为老百姓服务、解决老百姓个人所不能解决的问题，你说这个职业不光辉吗？当然，你会说如今的许多公务员贪污、腐败等等，但那是公务员的个人问题，与公务员这个职业没有关系。就好像我们现在的教师，也有许多的缺德教师、无良教师、禽兽教师，但这和教师职业是两码事。所以，"太阳底下最光辉的职业"这个光环往头上一套，我觉得很沉重。

再比方说，"要让学生有一杯水，教师自己首先得有一桶水"——这是对教师的一条业务忠告。这条忠告就让你觉得一旦当上了教师，那就得不停地学啊、学啊、学啊。在今天这样的社会里，尤其是在今天这样的信息化时代，你一天不学，你就得掉队，你就要掉链子，就可能会在课堂里挂黑板。于是，得学啊、学啊，学得天昏地暗，学得废寝忘食，整个地不知道天南地北，最后就像我这样，面黄肌瘦。（笑声）

> **教师累**
> 职 业 光 环
> 业 务 忠 告
> 道 德 规 训

又比方说，"为人师表，身教重于言教"——这是对于我们教师的一条语重心长的道德规训。这条规训常常让你在学生面前自觉地不自觉地要摆出一副面孔和姿势来，这副面孔、姿势、腔调和你平时在教师办公室里呈现出来的常常会不一样。许多真话你是不能说的，许多牢骚你是不能发的。你要是真的说了，真的发牢骚了，你就可能被认为是一个不合格的教师了。可是你知道，在今天这样一个社会里，真的要让人心服口服地做到为人师表、身教重于言教，谈何容易！我讲得极端一点，你不是教育学生不要去追名逐利吗？那好，首先你自己别去申报职称了，什么这个奖项那个荣誉的，你都别申报了。即便是到北师大教育家书院来学习的机会,也别申报了。为什么呢?因为名额是有限的,你有了,别人就没有了;总盘子就这么大,你入选了,别人就落选了。干吗要去争呢?你不是教育学生要有爱心、要关爱社会中的弱势群体吗?那好,你干脆别去买房子了,你现在的住房虽然小一点、旧一点,但凑合着还能住,你把这省下来的买房钱都捐给孤寡老人救助基金得了;你也干脆别去买车了,还是骑骑你的电动车、自行车算了,你把买车的钱省下来捐给希望工程得了。我讲得可能有点极端,但我想通过讲得极端一点的方式,来反过来看看套在我们头上的这些光环、这些帽子、这些口号,它们的合理性究竟在什么地方,我们究竟能做到什么程度。所以,我们很难脸不改色心不跳地高喊"为人师表,身教重于言教"。至少,你在说这句话的时候,嗓门不要那么高,如果真的很高,那肯定不正常。

再比如,在生死存亡的关头,譬如,在地震发生的时候,你得首先帮助学生逃生,你不能自己先跑,你跑你就成了"范跑跑"!你得帮助学生先跑,否则你就会被钉在师德的耻辱柱上。但是,你先帮助学生跑,你自己就可能跑不掉,那么,一系列问题就都来了——你的瘫痪在床的老父或老母就再也得不到你的问候与照料了,你的身怀六甲的娇妻就再也得不到你的保护与疼爱了,你的将要来到人世间的孩子将永远不知道父爱或者母爱是什么滋味了。一个在生死关头奋不顾身保护学生、帮助学生逃生的教师,在当时可能来不及去想他的离去对他的家人将意味着什么,但我相信,只要他还有一口气,恐怕就不会不对他的家人感到深深的愧疚,除非他是一个不正常的人。

所以,当教师难,当教师其实是难于上青天!如果我们真的对照社会对我们的所谓要求去做的话,真的很难。这也是我明明知道在各位优秀教师、杰出教师面前谈这个话题不合适,但最终还是选择了这个话题的主要原因。

但是后来在准备的过程中,我发现玩笑还是开大了。我有个习惯,在讲些什么之前都要上网查询一下。结果发现,这个话题许多人都讲过。魏书生讲过,殷秀梅讲过,任小艾也讲过,都讲过。而且,许多中小学校就这个话题还开过研讨会。我真是觉得自己实在是孤陋寡闻!但已经来不及更换题目了,只好硬着头皮讲一讲。

而且,如果以"今天,我们怎样做××××"这样的句式上网搜一下的话,你会发现更是多得不得了。大概在九十多年前,鲁迅就有一篇名文,叫作《现在我们怎样做父亲》。在鲁迅之后一直到大概20世纪90年代,沉寂了一段时间。到了新世纪以后,这种句式的话题相当多。比方说,既有"今天我们怎样做媳妇",也有"今天我们怎样做女婿";(笑声)既有"今天我们怎样做工人",也有"今天我们怎样做农民";既有"今天我们怎样做经理",也有"今天我们怎样做秘书";甚至还有一些女士在谈"在小三泛滥的今天,我们怎样做太太"。(笑声)

不过,我也发现了一个问题,可以说是天无绝人之路。因为我发现,不管是谁讲的,不管是多有名的教育家,他们迄今为止在讲"今天我们怎样做教师"这个问题的时候,所有内容统统都可以概括为一个世纪以来我们对教师、对师范生所要求的那两句话、八个字——"学高为师,身正为范",基本上都是这样。

学高为师——不用说了,讲的是教师要有学养、见识要广博。有学养才能教书啊,才能使学生有知识、有智慧。身正为范——说的是教师要有德性、以身作则。有德性才能育人啊,才能使学生有道德、有情操。

再扩展一点来说,也就是所谓"三个拥有""五个学会"。哪三个拥有呢?第一,要拥有爱心和耐心,使爱心和耐心交融;第二,要拥有广博的学识和个性魅力,使学识和个性同在;第三,要拥有乐观向上的热情和心态,使乐观和热情并存。这实际上已经是"六个拥有"了。哪"五个学会"呢?那就是要学会尊重啊、学会鼓励啊、学会宽容啊、学会公正啊、学会赏识啊。我想,如果放开来列举的话,还会有很多,但主要的就是这些内容。

你说他们讲得对不对呢?毫无疑问是对的。但是我又觉得,这些要求似乎在什么时候都是可以讲的。

什么时候教师不需要有爱心呢?我们不是一直都在讲"教师的爱是教育的第一条件"吗?什么时候教师不需要有耐心呢?我们不是一直都在讲"教师的耐心,学生的恒心"吗?什么时候教师不需要有广博的学识呢?我们不是一直都在讲"要让学生有一杯水,教师自己首先得有一桶水"吗?什么时候教师不需要有个性魅力呢?我们不是一直都在讲"教师的个性魅力,学生的交往动力"吗?什么时候教师不需要拥有乐观的精神呢?我们不是一直都在讲"教育是一种具有理想色彩的事业,教师应当引导学生积极进取、好好学习、天天向上"吗?什么时候教师不需要充满热情呢?我们不是一直都在讲"一个冷淡、冷漠、冷冰冰的人,一个慵懒、迟缓、木讷的人,一个三棍子打不出半个闷屁来的人根本不能当教师的"吗?同样,教师什么时候不需要对学生尊重、鼓励、宽容、公正、赏识呢?

因此,这些要求是什么时候都可以讲的。可是,既然我们要关注的是"今天,我们怎样做教师",那么,问题首先就在于对"今天"这样一个时间状语的理解,在于首先得弄清"今天"究竟是一个什么样的时代。弄清了这一点,就可以知道这对于我们的教育目标,并且相应地对于我们教师提出了哪些新要求。

那么,"今天"的中国究竟处在一个什么样的时代呢?关于时代问题,人们已经谈了很多,比如21世纪应当是一个什么样的世纪等等。我觉得,从与教育目的相联系的角度来看,"今天"这个时代至少有三个特征。

第一,"今天"是一个特别需要个体昂首站立起来的时代。教师应成为"站立起来的人"。

这个问题好像讲的人不多。即便有人讲过,也没有这样来表达。我下面就来逐步展开。

我们知道,毛泽东曾经有一句名言:占人类总数四分之一的中国人从此站立起来了!这是毛泽东在六十三年前召开的全国政协第一届全体会议上讲的,是在开幕词中讲的。的确,中华人民共和国的成立,意味着中华民族一段苦难历史的结束,也就是遭受西方列强长达一个多世纪的侮辱、欺凌、压迫和剥削的苦难历史的结束,意味着中华民族新的历史的开始,也就是中华民族自立于世界民族之林的新历史的开始。

但是,一个民族站立起来和这个民族中的个体站立起来是两个不同的概念。有联系,但更有区别。一个民族站立起来并不必然使得这个民族中的个体也能站立起来。这是我们可能不一定时时刻刻都能觉察到的,或者是觉察到了也不愿意说的。我们说,如果社会革命和社会建设的最终目标都在于使每一个社会成员能昂首挺胸地站立于这个社会中,都能自由、平等、幸福地生活在这个社会中的话,那么,在一个民族站立起来之后,它的最大任务,对于这个民族、这个社会的美好程度加以判断的首要标准，就在于这个民族、这个社会中每一个个体能在多大程度上、多大范围内站立起来。

这样来看的话，我们就不能不感到很遗憾。由于多种复杂的因素，中华人民共和国成立之后，一直到20世纪70年代末，这三十年的时间里，我们这个社会中的个体基本上是一种被否定的社会存在，这是一个事实。因为在那三十年的过程中，个体被束缚在集体的各种清规戒律之中，被淹没在社会的汪洋大海中。那三十年基本

> **中华人民共和国成立后至改革开放前**
> 忽视个人价值
> 藐视个人尊严
> 无视个人自由
> 贬视个人作用
> 去除个人特点
> 抹消个人风格

上是一个忽视个人价值、藐视个人尊严、无视个人自由、贬视个人作用、去除个人特点、抹消个人风格的三十年，个体的站立基本上无从谈起。在中华人民共和国成立之后的三十年，中华民族在毛泽东所说的那种意义上站立着，但个体的站立无从谈起。当然，个体在一开始的那种翻天覆地的社会变化状态中也很愉快，但情况很快就发生了变化。所以，在这个意义上，在那个年代里，中华民族在某种意义上站立着，但是个体却跪着。个体实际上是跪在集体面前，跪在社会面前，当然，也跪在权威面前。

所以，即便从这个角度——大家千万不要觉得我这样讲有什么不妥，我也是一个老布尔什维克了，我是坚决地拥护党的，对这个国家充满了感情。我只是觉得我们必须把事实搞清楚，才有利于前进，否则我们的教育就没有希望。开玩笑归开玩笑，讲到这些事情时还是会热血沸腾的。

我觉得，我们现在的许多概念和口号确实很成问题。比方说，新中国成立六十年的时候有一个概念叫作"辉煌六十年"。可是，前三十年并不辉煌啊，从个体的价值、个体的尊严来讲，一点都不辉煌啊。五七年"反右"辉煌吗？"三年困难时期"饿死那么多人辉煌吗？"文化大革命"十年辉煌吗？

改革开放之后，情况开始发生变化。个人的价值与尊严逐渐得到关注，个人的自由与作用逐渐得到重视，个人的特点与风格逐渐得到认可。这些是基本事实，是我们必须承认的。但是，由于种种复杂的原因，我们可以说，个人，许许多多的个人，依然在很大程度上跪着。当然，由于身份的不同、地位的差

异，不同的个人在跪的对象、跪的姿态以及跪的程度上可能有所区别。但是，一个基本的事实是，许多社会成员并没有作为一个有价值的人、有尊严的人、有特点的人而昂首挺胸地站立在我们这个社会当中，许多社会成员实际上经常是以某种姿态、某种方式、某种程度在跪着生活、跪着学习、跪着工作的。大家千万不要认为这是危言耸听，请看这一系列的现象。

——办事员跪在科长面前，科长跪在处长面前，处长跪在局长面前，局长跪在市长面前，市长跪在省长面前。我相信，大家不会把这里的"跪"简单理解为双膝一弯，扑通一声跪在地上，并来一声"嗻"！这里说的是人格上的跪、价值上的跪。

> **改革开放后**
> 关注个人价值与尊严
> 重视个人自由与作用
> 认可个人特点与风格

——农民工跪在包工头面前，包工头跪在建筑公司老总面前，建筑公司老总跪在房地产开发商面前，房地产开发商跪在地方政府领导面前。当然啦，我们的许多地方政府领导也跪在房地产开发商面前。难道不是这样一种状况吗？

——至于许多底层老百姓，实际上常常是跪在政府官员面前。你想想，我们的政府官员对于老百姓，对于底层劳苦大众的一点点慰问，就让他们感恩戴德。其实，这些本来就是他们应该得到的。

——教育界的情况又怎样呢？也很遗憾。按照我的说法就是："差生"跪在"好生"面前，学生跪在教师面前，教师跪在校长面前，校长跪在教育局局长面前，教育局局长跪在分管市长面前……当然，反过来的情况也有。

需要强调的是，现在的状况和改革开放前的情况相比，两者完全不可同日而语。但是，不是昂首挺胸地站立着，而是跪着，跪着学习、跪着工作、跪着生活，依然是我们这个社会中比较普遍的现象。

——由于许多社会成员基本上跪着生存，而不是昂首挺胸地站立着学习、工作或生活，所以，我们这个社会中也就充斥着溜须拍马、阿谀奉承的现象。看看我们媒体对于各种交通事故、自然灾情的报道吧，他们第一时间做出的反应不是灾害是个什么程度，事故是个什么程度，发生的原因是什么，而是先要给领导撇清责任，强调领导高度重视、做出批示、第一时间赶到现场，等等。

——由于许多社会成员基本上跪着生存，所以，我们这个社会中也就充斥着言不由衷、自欺欺人的现象。想想那一堆又一堆假大空的套话吧。

　　——由于许多社会成员基本上跪着生存，所以，我们这个社会中也就充斥着弄虚作假、瞒天过海的现象。想想我们在各种各样的检查、评估、验收中的表现吧。

　　——由于许多社会成员基本上跪着生存，所以，我们这个社会中也就充斥着以上为本、唯命是从的现象。想想我们的许多治理和管理的行为吧，常常不是按照既定的法律、法规，按照制度来办事，而是按照领导人随时可能下达的指示去办，所谓"规划规划，千规万化，不如领导人的一句话"。听说有一位教育部领导卸任之后在回顾自己的工作经历时，他说想来想去这几年当中主要只做了一件事情。什么事情呢？就是"贯彻落实领导的批示"。常常是这个批示还没贯彻落实完，新的批示又下来了。

　　据说英国前首相撒切尔夫人在本世纪初曾说过这样一段话，大意是：中国不会成为超级大国，因为中国没有那种可以推进自己权力的，从而削弱西方国家的具有"传染性"的学说。今天中国出口的是电视机，而不是思想观念。

　　对于她的这段话，时间关系，我这里没有办法展开来具体评价。我想说的是，虽然我一点都不喜欢撒切尔这个女人，（笑声）她很不讨喜，但是我不得不承认，我赞同她的观点。因为，如果一个国家的思想与文化、伦理与道德规范不是鼓励每个个人昂首挺胸地站立着学习、站立着工作、站立着生活的话，如果一个国家中的许许多多的人经常是跪着生存的话，那么，这样的国家是怎么可能得到其他国家发自内心的尊重呢？怎么能够充当世界领袖呢？尽管重要的问题并不在于是否要充当世界领袖。

　　所以，在这个意义上，对中国而言，"今天"是一个特别需要每一个个体站立起来的时代。正是在这个意义上，也仅仅在这个意义上，我说（我不知道其他人有没有这样说过）我们今天的教育目的中一项特别重要的内容，就是要培养学生的"站立"意识，把学生培养成"站立的人"。关于这一点，迄今为止谈论"今天我们怎样做教师"的许多人谈到了吗？没有。我们要培养学生的站立意识，要让学生懂得独立人格的极端重要性，懂得自由思想的极端重要性，懂得追求真

> **教育的新目的(1)**
> 培养"站立的人"

理的极端重要性,从而在真正的意义上学会自尊、自立、自强。总而言之,今天我们的教育应当使学生成为一个个昂首挺胸地"站着的人",而不是"跪着的人"。这是特别重要的。

这就对教师提出了相应的要求。我是从"今天"这个时代的要求谈到教育目的,然后再来谈怎样做教师,是根据教育目的来谈教师。对教师提出的相应要求就是,它要求教师自己首先得成为一个昂首挺胸地"站立的人",成为一个光明磊落的"真人"。

也就是说,在有利于学生健康成长与发展这个大前提下,今天的教师真的应当去大胆地思、无畏地想。否则,教师和非教师还有什么区别呢?我们这些优秀教师和非优秀教师还有什么区别呢?教师对于人、对于社会、对于儿童、对于教育,应当形成自己的一系列真诚的看法。我这里用词还是比较讲究的,我说的是"真诚的看法"。"人的价值究竟在哪里?社会究竟应当朝着什么样的方向发展?儿童究竟需要什么样的成长?教育究竟应当确立什么样的取向?"等等,对于这样一些问题,教师不能不闻不问、不思不想。

我们的教育确实关系到儿童的今天是否快乐、明天是否幸福,关系到中华民族究竟是否有一个光明灿烂的未来,所以,教师对于这些根本性的问题不能不思不想。我们可能在具体的教育方式、方法和技巧上很有一套,但如果我们对于人、对于社会、对于儿童、对于教育没有自己的正确思想的话,那么,我们的教育效果可能就会南辕北辙。如果现在的教育体系是要教师跪着的话,如果教师也确实是在跪着生存的话,那么,你的教育方法越好,就越麻烦。就好像我们现在的有些歌曲,那个曲调非常美,但歌词却非常糟糕,睁着眼睛说瞎话。因此,我们得有自己的"思想"。

进一步来讲,今天的教师应当成为"思想的主人"。教育实践是要靠思想去导引的,教师必须有自己的思想,没有自己的思想的教师算不上是"今天"的教育家,算不上"今天"的优秀教师。

今天的教师不仅需要大胆地思、无畏地想,而且应当真实地表达自己的思想。也就是要"所言即所思,所说即所想"。我一直认为,教师不能

教师:思想的主人	
大胆地思	无畏地想
所言即所思	所说即所想

23

违心地去赞赏你根本不相信的东西,不能刻意地去伪饰你认为是错误的东西。讲得通俗一点,很简单,也就是教师要说真话、说实话、说有特点的话,不要说假话、说空话、说套话。尤其是在学生面前要说真话、说实话、说有特点的话,如果教师在学生面前都不能说真话、不能说实话、不能说有特点的话,那我们这个社会怎么可能有一个光明的未来?

  当然,我这样讲并不意味着教师的所思、所想在学生面前统统都得说出来。我没有这个意思。当教师知道自己的一些想法是错误的,知道这些错误的想法说出来会不利于学生的成长与发展时,教师当然不宜也不应当在学生面前谈论。教师在学生面前所说的一切,都应当以有利于学生的成长和发展为前提。

  但有一点是明确的,就是你只要说了,那就必须是你所知道的事实,或者是你所认同的东西,必须是你自己真实的看法、真实的想法。这也许可以套用季羡林的一句话,叫作"真话不全讲,假话全不讲"。这句话在一定的场合里是有问题的,但是对教师而言没有问题。否则你就是在蒙蔽学生、忽悠学生、欺骗学生。

  难道不是这样吗?你明明知道这个社会中存在着大量的假丑恶的现象,但你却只告诉学生我们这个社会中充满着真善美,你这不是蒙蔽学生又是什么?你明明知道一个人在不违反法律和道德的前提下完全可以追求他正当的个人利益,但你却要求学生毫不利己、专门利人,你这不是忽悠学生又是什么?你明明认为我们的制度还存在许多问题,需要不断改革,甚至在不少方面必须进行根本性的变革,我们的高层领导现在也强调改革,但你却对学生说我们现在的制度是世界上最好的制度,你这不是欺骗学生又是什么?

  教师真的不能蒙蔽学生、忽悠学生、欺骗学生。一个教师最不应当的就是在学生面前口是心非、言不由衷、虚言假语。教师必须想方设法以学生可以接受的方式,把自己所知道的事物的真实状况告诉学生,以便让学生全面了解世界的真相。布鲁纳不是有一句名言嘛,他说:"任何知识都可以用适当的方式教给任何年龄阶段的学生。"他这个论断并没有大量的严格的实验来完全证明,但是在已有的一些实验中,是可以部分证明的。教师必须把自己所知道的社会的真实需要告诉学生,以便使学生领悟人类的真理。教师必须把自己的真实看法告诉学生,以便使学生相信你,感到你是一个真人,而不是一个假人,从而愿意和你接近,和你交心,向你讨教学习与生活中的问题。

其实,学生也不是傻瓜,不管多小年龄的学生都不是傻瓜,因为他们在现实生活中积累着对于社会现象和社会问题的感受。尤其是在今天,传媒这么发达、网络信息应有尽有,你怎么可能轻而易举地蒙蔽、忽悠、欺骗学生呢?而一旦学生意识到教师在蒙蔽他们、忽悠他们、欺骗他们,教师就会完全丧失教育权威,对学生的教育就收不到实际效果。所以,教师千万不能自觉不自觉地去蒙蔽学生、忽悠学生、欺骗学生。教师在学生面前,一定要做一个真人。

如果教师不是一个真人,而是一个假人的话,我相信,这样的教师不管他有什么样的身份,不管他取得多少荣誉称号,不管他有着什么样的教育技能,他都不会对学生的成长和发展真正地负责。这就让人想起陶行知的那句话:"千教万教,教人求真。千学万学,学做真人。"对于陶行知,人们有很多评价,我也有我自己的评价,但我相信这句话是真理。

其实,不少教师的经验也告诉我们,当教师成为站立的人、成为真人的时候,他会体验到一种快乐。什么快乐呢?这就是"自由的快乐"。换句话说,当教师成为站立的人、成为真人时,他同时也就是一个自由的人。不知道在座的各位优秀教师,你们有没有体验过这种自由?有没有体验过这种自由的快乐?如果说教师是一个站立的人,他享受着自由的快乐,那学生还能不受其感染吗?

教　师
站立的人　　真人
"自由"的快乐

这是我要讲的第一点,说的是今天是一个特别需要个体站立起来的时代,我们的教育应当培养学生的"站立意识"。为此,教师自身就应当成为一个"站立的人"。

第二,"今天"又是一个特别需要个体主动介入治理的时代。教师应成为"介入治理的人"。

之所以这样说,是因为今天是一个价值取向越来越多元的时代,是一个信息传播越来越迅捷的时代,是一个社会分工越来越细碎的时代,也是一个社会变动越来越频繁的时代,还是一个重要资源越来越短缺的时代,更是一个利益冲突持续发生的时代。我们所处于的就是这样一个时代。

我们必须紧密结合今天的时代特点,来看我们的教育目的到底应当增添什么、减少什么、修改什么。如果我们还是抱着文件上、文本上的那些东西,可以说我们的教育实践就没有多少希望。其实,我们现在的教育实践也不是整天地抱残守缺的,我们的不少教师每天都在创新。实践是丰富的,它的丰富性就在于我们的环境在不断发生变化,这种变化着的环境逼得我们不得不时时加以改变。

在今天这样一个时代里,我们早就没有办法自给自足、相互之间老死不相往来了。每一个人的生存和发展都越来越离不开他人、依赖于他人,都不可避免地影响到他人。现在几乎没有人可以在同他人不发生联系、不发生关系的情况下获取自己的利益,而且几乎没有人可以在获取自身利益的同时不影响到他人,除非他生活在深山老林里。这里举个很不恰当的例子,就是特级教师的申请书。这里说的是特级教师,也可以是模范教师、优秀教师、杰出教师、教育家等等。你能说你所获得的特级教师、模范教师、名校长等等的头衔、荣誉,就完全是你自己孤身一人奋力拼搏的结果吗?就同别人没有关系吗?

——首先,特级教师、模范教师、名校长的评选计划就不是你自己想搞就搞的,而是来源于别人制订的某种计划、别人确定的某个工程。

——然后,你在申请表中填写的那些业绩,也不是你独自一个人像堂吉诃德那样挥舞着长矛向大风车挑战的结果,而是你和你的同伴、同事竞争与合作的结果,是你和你的学生一起努力、共同成长的结果。

——再然后,你的表格是在电脑上填写的。对不起,这个电脑不是你生产出来的,而是别人设计、制造、销售的。

——最后,你的申请最终能不能成功,也不是你自己能决定的,你得接受别人的审查、比较和评价。

总之,别人至少在客观上影响着你、制约着你、成就着你或者阻碍着你;反过来也一样,你也在影响着别人、制约着别人、成就着别人或者阻碍着别人。

这是说的个人之间。其实,单位和单位之间、地区和地区之间、国家和国家之间,也同样如此。在今天这样一个时代里,都是前所未有地相互地利益相关。

以国家之间来说,在今天这样一个全球化时代,任何一个国家都已经不能仅仅关注本国的事情了,而是不得不同时密切关注其他国家的状况,因为这些国家的状况很可能会影响到本国的发展;美国、英国、法国、日本的状况很可能会影响中国的发展;利比亚、叙利亚、伊朗、朝鲜的状况很可能会影响中国的发展;印度、越南、菲律宾、马来西亚的状况同样很可能会影响中国的发展。即便是坦桑尼亚、赞比亚、索马里、苏丹的状况,也还是可能会影响中国的发展。反过来,中国的状况也可能会影响这些国家的发展。

地区之间也一样。任何一个地区都已经不能仅仅关注本地区的事情了,而是还不得不密切关注其他地区的事情,因为这些地区的状况很可能会影响本地区的发展:上海、江苏、浙江、广东这些发达地区的状况不会完全不影响北京的发展,山东、辽宁、湖北这些一般地区的状况也不会完全不影响北京的发展,甘肃、青海、西藏这些贫困地区的状况就更不会完全不影响北京的发展,甚至香港、澳门、台湾的状况也不会完全不影响北京的发展。反过来,北京的状况也不会完全不影响其他地区的发展。

单位之间更是如此。任何一个单位都不能仅仅关注本单位的事情了,而是得密切关注其他单位的事情。因为,发展的欲望总是存在的,而可用于分配的发展资源的总盘子却是有限的,其他单位的状况很可能会影响本单位的资源获取和发展空间,本单位的状况也很可能会影响其他单位的发展:人大附中的状况可能会影响北京四中的发展,也可能会影响北京三十五中的发展,还可能会影响昌平中学的发展,甚至在特定情况下可能会影响南京师大附中的发展。反过来也一样。

因此,生活在今天这样一个时代里,他人的生存和发展或多或少、或迟或早总会以某种方式对自己的生存和发展产生影响,同时,自己的生存和发展或多或少、或迟或早也会以某种方式给他人的生存和发展带来影响。

这就是我们现在这个时代的又一个大的特征。这个特征就同"主动介入治理"的问题联系起来了,因为它要求我们对于既定的价值取向、发展计划、政策措施、游戏规则等等,不能只是无原则地顺从、无条件地适应,因为它们本身可能就是不合理、不公正、不道德的,或者可能含有一些不合理、不公正乃至不道德的成分，这些都可能会伤害到我们的切身利益。

　　看看我们现在从国家到地方、到本单位所层出不穷地推出的许多目标、计划、政策、规则吧，你能说这当中没有任何不合理、不公正、不道德的成分？不可能。如果你知道存在着不合理、不公正、不道德的话，那就应当去主动地关注和反思，积极地批评和阻止。如果听之任之，只是一味地顺从、适应、沉默，那么，你最终也会为此付出代价。不是这些不合理、不公正、不道德的东西使你的利益直接受到损害，就是由于这些不合理、不公正、不道德的东西过度伤害了他人的利益，从而引起他人的反抗，结果反过来也会影响到你。

　　所以，在今天，个体比以往任何时代都更有必要去主动关注自己的生存环境，积极改造自己的生存环境，避免或者减少生存环境对于自身利益的伤害，同时也避免或者减少生存环境对于别人的伤害，因为对于别人的伤害迟早要影响到自己。这在今天这样一个时代，几乎已经成为一个铁的定律。

　　这样，对于"今天"的认识，我们就可以在刚才所讲的第一个问题的基础上向前迈进一步了。在前面讲的第一个问题中，我说"今天"是一个特别需要个体昂首站立起来的时代，我想凸显的是"个体的尊严"，强调的是每个人都应当过一种"有脊梁的生活"，重心在于个体的独立和自

站立的人	介入的人
昂首站立起来	主动介入治理
维护个人尊严	积极采取行动
有脊梁的生活	建设性的生活
独立和自由	干预和建构
自卫者	主人翁

由，很有一点不容侵犯的味道，是一种"自卫者"的姿态。这里，我说"今天"又是一个特别需要个体主动介入治理的时代，我想凸显的是"个体的行动"，强调的是每个人都应当"建设性地生活"，重心在于个体的干预和建构，强调的是"主人翁"的姿态。

　　主动改造生存环境，建设性地生活，积极地参与和建构，主人翁意识，等等，这些都意味着在今天这样一个时代，任何人都不能再"事不关己高高挂起"了，任何人都不能再"只扫自家门前雪，不管他人屋上霜"了，任何人都不能再"不在其位，不谋其政"了，而是必须有所关注，有所关切，有所担当。我觉得这当中至少包括两个方面。

一是要成为单位的"介入型员工"。

在过去的年代里,我们一直强调的是兢兢业业、任劳任怨,提倡螺丝钉精神和老黄牛精神。在今天,依然需要这两种精神,这是毫无疑问的。但是在今天——我反复强调在今天这样一个时代——仅仅具有螺丝钉精神和老黄牛精神是远远不够的,而是还必须主动介入所在单位、所在组织、所在群体的治理过程,必须有这样的强烈意识,也就是要有积极地建构和改造你所在的生存小环境的强烈意识。

大家有没有注意到,我这里特意使用了"介入"这个概念,而没有用"参与"这个词。参与是什么意思?我们迄今为止所讲的参与是什么意思?我让你参与,你才能参与。对不对?比如,我们让学生参与什么什么过程啦,校长让教师参与什么什么工作啦,等等。这里面实际上是有一道栏杆的,我把栏杆打开了,放你进来,你才可以进来参与;我不把栏杆打开,不放你进来,你的参与也就无从谈起。我这里用的是"介入",介入就一定要和"主动"联系起来。也就是说,"介入"是不管你让不让的,你同意也好,不同意也好,我都要表明自己的态度、发表自己的意见、干预整个过程。"介入"反映着个人的强烈意愿以及由此而主动采取行动的一种过程。

我们可以来谈谈劳模。我对劳模一直是非常尊敬的。我本身也是劳模,(笑声)当然要比在座各位低几个档次,(笑声)我是全国模范教师。问题在于,我们现在回过头来反思一下,我为什么当劳模?我可能跟别人不太一样,因为我主动介入、积极行动,而不是说在单位里一天到晚去扫地。我觉得,在一个组织中、一个单位里,你不能仅仅满足于当一头老黄牛,而不管牵牛人究竟要你把这块田耕成什么模样;你不能仅仅钟情于做一颗螺丝钉,而不管你所在的这台机器究竟是一台什么性质的机器。如果你知道你所在单位的价值取向、文化品质、发展目标、政策措施里含有不合理、不公正甚至不道德的成分的话,那么,你就不能无原则地贯彻执行,你就不能不声不响、袖手旁观,你就必须主动提出自己的意见和建议,主动干预领导的决策。如果不是这样,如果你"事不关己高高挂起",如果你"不在其位,不谋其政",那么,你就会在实际上成为错误领导的一个"共谋者"。这里的"谋"不是说你和领导在密室里鬼鬼祟祟商量些什么去陷害别人,而是说你也成了现在的这种不公正、不合理、不道德状况的一个制造者,而这种状况也会伤害到你自己。

20世纪90年代的情形大家还记得吧?许多国企倒闭了。在倒闭过程中,国企的老总们肥了自己的腰包,工人们则大批地下岗,生活贫困。但是,这种状况是怎么造成的呢?我们当然要说,是这些国企老板的道德良心出了问题,他们为了自己的私利,实际上把国有资产化为私有,使得工人们一夜之间陷入困境。但国企的工人自己难道没有责任吗?如果工人们自己不是都消极、机械地叫我干什么就干什么,而是在当螺丝钉和老黄牛的同时,还主动积极地关注自己的生存环境,干预和建构这样的环境,那么,国企老总们也就很难会明目张胆地那么干了。事实上,现在回想一下,世界上没有一个国家的工人像我们国家的工人这样地善良,叫你下岗就下岗了。我不是说你要起来造反,而是说你和单位负责人难道不需要有一个交涉、抗争的过程吗?基本上没有。不光是工人,农民也是这样。我们国家的老百姓真的是很善良,而且很软弱。

因此,如果你不是关注你所在单位的状况,不是主动地介入你所在单位的治理过程,那么,你虽然是一颗坚守岗位的螺丝钉,但却是随时可能被抛弃的螺丝钉;你虽然是一头勤勤恳恳的老黄牛,但却可能是任人宰割的老黄牛。这绝不是我们今天这个时代所需要的。这就是为什么说今天尽管仍然需要提倡螺丝钉精神、老黄牛精神,但今天所需要的是新型的螺丝钉、新型的老黄牛。

因此,在今天这样一个时代里,个人在单位里不仅要做好本职工作,当好螺丝钉,当好老黄牛,而且应当关注单位的价值取向、发展路向、政策动向,干预单位的决策,维护自己的正当利益,也理解他人的正当利益。这是第一点,说的是要成为单位的"介入型员工"。

二是要成为国家的"介入型公民"。

公民,不用说,我们在座的都是公民。那么,一个基本的问题就是:究竟什么样的人才算是合格的公民?大家可能会说,这个问题不是很简单吗?《宪法》

> **介　入**
> 单位的"介入型员工"
> 国家的"介入型公民"

里就有规定。是的,《宪法》里有关于公民的义务的规定,为了下面说明方便起见,我把规定的条款都列了出来,一共是九条:① 劳动的义务;② 接受教育的义务;③ 计划生育的义务;④ 抚幼赡老的义务;⑤ 维护国家统一和民族团结的义务;⑥ 遵守宪法和法律,保守国家秘密,爱护公共财产,遵守劳动纪律,遵守公共秩序,尊重社会公德的义务;⑦ 维护国家的安全、荣誉和利益的义务;⑧ 保卫祖国,抵抗侵略,依照法律服兵役和参加民兵组织的义务;⑨ 依法纳税的义务。我不怕烦,把它们都列在这里了。在我们这个国家,这九条你都做到了,都尽了义务了,你就是合格的公民了。

然后呢,还有一个基本的公民道德规范,五句话二十个字:爱国守法,明礼诚信,团结友善,勤俭自强,敬业奉献。也就是说,做到了这些,你也就是一个合格的公民了。

我不知道各位老师能不能从刚才的《宪法》中关于公民义务的规定和这里所呈现的公民道德规范看出一点要害来。大家有没有看到,关于合格的公民的九条规定强调的是什么?是守法和独善,也就是遵纪守法、独善其身。这当然很重要,而且,即便这九条,也不是每个人都做得很好的,不是每个人都能很好地遵纪守法、都能独善其身的,不是的。

但问题是,在今天这样一个社会里,在还存在着大量的丑恶、邪恶和罪恶的境况中,仅仅遵章守法、仅仅独善其身,到底够不够?

我的回答是:远远不够!因为今天这样一个时代所需要的公民,不仅应当遵章守法、独善其身,而且应当主动关注国家命运,主动关注社会正义,主动关注政府决策,以积极的言论和行动干预国家的、社会的、政府的治理过程。也就是说,今天这样一个时代,至少现在这样一个特殊的转型期、乱象丛生的转型期,所需要的其实不只是"合格的公民",而且是"介入型公民",尽管我还是要说,做好合格的公民本身已经很不容易。

"介入型公民"和"合格的公民"有一系列重要区别。其中一个十分重要的区别,就是当遇到社会中、日常生活中的丑恶、邪恶和罪恶的现象和问题时两者之间的区别。"合格的公民"会怎

合格的公民	介入型公民
守法与独善	关注与干预
退避三尺	挺身而出
等待正义	担当正义

么样呢？合格的公民可能会十分地厌恶，但他的最终选择却很可能是退避三尺，而且他也可以退避三舍，因为我们的宪法、我们的公民基本道德规范并没有要求公民在遇到我刚才所说的丑恶、罪恶的现象和问题时要挺身而出，没有。因此，他很可能会退避三舍，明哲保身。但是，"介入型公民"就不一样了，他必定会挺身而出，见义勇为。当然，如果能既有勇又有谋，那就更好。

合格的公民希望能有一个公平正义的社会、美好的社会，大家都能过上美好的生活，但他们的基本心态是：个人能力有限，无法改变社会，力不从心，因此，做好我自己就行了。他们的基本选择是等待正义的到来。警察来吧，110来吧。但"介入型公民"不是这样，他会把自身就看成是正义的力量中不可缺少的一个组成部分，他会拍案而起、他会义正词严，他会通过会议、报刊、电视、网络等各种公共平台发表言论，表达自己对于这些丑恶、邪恶和罪恶现象的愤激、愤慨及愤怒的心情，分析它产生的原因，呼吁追究元凶并依法惩治，从而推动形成扬善止恶的普遍的舆论氛围，形成强大的威慑力量。

因此，"介入型公民"就是我刚才所说的有关注、有关切、有担当的公民。大家可能会说，你这里讲的有关注、有关切、有担当的"介入型公民"是一种很高的思想境界、道德境界。但是，我不这么认为。我觉得在今天这样一个时代里，在人与人之间的利益关联前所未有地紧密的时代里，在特别需要每一个个体主动介入治理的时代里，做一个"介入型公民"其实首先是对自己负责。如果大家都不主动介入，那么，这个环境将会一塌糊涂，这个社会将会一团糟，你在其中生存也没有什么幸福可言。即便现在似乎对你没有什么影响，但总有一天会影响到你。

这样来看的话，我们对于今天这样一个时代背景下的教育目的是不是可以获得一点新的认识？这就是，由于今天是一个特别需要个体主动介入的时代，因此，培养学生的"介入意识"以及相应的能力，也应当成为我们的教育目的的一项重要内容。你当然可以通过你的词语上的处理，借助于某种表达技巧，说我们现在的教育目的中已经包括了这项内容。但我认为不是这样的，这是两种不同的境界。

教育的新目的(2)
培养"介入的人"

当然，我们说中小学生还处于身心发展过程中，幼儿园的幼儿更是如此。而且，培养学生的介入意识并不是说要学生也像成人那样，一天到晚去关注国家运行，干预社会治理，监督政府行为。对于中小学生而言，基本的介入实践、培养介入意识和能力的基本途径是有的，这就是班级运行和学校治理。我们应当使学生对于班级的运行、对于学校的治理形成自己的态度、表达自己的意见。我们的学生不能成为班级运行和学校治理过程中的沉默的大多数，不能只是教师与校长的管理意志的对象或者盲目的执行者，而是应当成为教师与学校的治理思路的一种源泉，决策的一种依据。

学生通过主动介入班级运行和学校治理的过程，通过积极地建构、影响自己所处的小环境，他就可以体验平等的权利、学会民主的方式，从而也就建设着他自己的精神家园。精神家园绝对不是说教师先把它建设好，然后再把学生放进去的，一定是教师和学生共同建构的。而且，教师要让学生感到主要是他们自己建构的。不管在实际上教师发挥了多大作用，一定要让学生感觉到建构的过程是平等的、民主的，是靠他们自己的力量干成这件事情的。当然，学生可以认为他们还小，仅仅靠他们自己的力量还不够，还需要老师的帮助，但是，应当使他们意识到，他们自己的力量也是不可缺少的。这样，我们说学生也就成了自己的生存环境的一个负责任的建设者，成为自己的精神家园中的"家人"，而不是"局外人"。

我觉得我们现在讲的许多东西都落不到实处，我们不是经常讲要为国家和民族的未来培养栋梁之材吗？栋梁之材在什么地方？就在这种民主实践当中，就在班级运行、学校治理的过程当中。栋梁之材绝不仅仅是"技术专家"，你把卫星搞上天了，这就是栋梁之材了？不是的，这样的认为是很片面的。其实，我们现在在这方面也不是一无所有，我们许多中小学的校长和老师们都已进行了很有意义、很有价值的尝试，而且在相当程度上已经有了一些成功的探索。比如南京市有个琅琊路小学，多年来一直进行"三个小主人"的教育实践，它的第一个目标就是要使学生成为"集体的小主人"（其他两个目标是"学习的小主人""生活的小主人"）。不管怎么说，要让学生在班级中具有主人翁意识，要为班级建设主动地出谋划策，要积极地介入班级的运行过程。

那么，教师能不能做到真心实意地鼓励、支持并引导学生主动介入班级运行和学校治理的过程、积极改造自己的生活环境呢？学生并不是成人啊，你要学生主动介入，也还是要引导啊，这里就体现出教师角色的特殊性、体现出教师的特殊价值来了。而教师凭什么引导呢？教师对学生的引导在很大程度上取决于教师自身，取决于教师自己是不是学校这个组织中的一个负责任的成员，是不是学校这个大家庭中真正的"家人"。

所以我们说，教师自身首先应当成为学校的"治理的主人"。这个观点我在另外一个场合也说过。有些校长和教师持有不同看法，他们认为学校里的治理者当然是校长啊，教师怎么可能成为学校治理的主人呢？校长怎么可能让教师当学校治理的主人呢？

但我想强调的恰恰是，学校治理绝不只是校长一个人的事。我们现在经常强调校长的作用，不错，校长是引路人，但是，学校的治理绝对不能仅仅寄托在校长一个人身上。如果还是说因为有了这个校长，学校就大变样了，这其实是我们这个阶段中一种可悲的现象。学校治理是全体教师的事情。一个学校究竟应当朝什么方向发展，究竟应当形成什么样的办学特色，究竟应当如何配置各种资源，必须由全校教师来决定，应当体现全校绝大多数教师的意愿。所以，学校治理的主人其实应当是全校教师。

如果学校治理的主人是全校教师的话，那么，要校长干什么呢？我认为，校长的作用其实就在于引领教师的观念、集中全校教师的意志。校长可能会觉得这些教师智商不高、能力不够，我比他们强多了，我要是集中他们的意志，那不是完蛋了吗？但你要明白的是，当你的思路、你的思想、你的举措与教师之间有相当大的距离的时候，那注定是不可能成功的。

最简单地讲，校长所提出的那些东西对于教师来讲，应当是那种"跳一跳能够摘到的桃子"，这个距离是最合适的。否则，你只会停留在理想主义的层面上。我们的许多改革为什么会失败？就是因为相距太远，落差太大。校长有的时候是需要降低一点身架、降低一点层次的，也即是所谓的"降格以求"。对于降格以求，在积极的意义上去理解它，就是我们校长和教师之间不能离得太远，甚至有的时候在某种程度上应当迁就一下教师，这是一个特殊的阶段。

在这个意义上,确实没有绝对的真理。所以,校长应当集中全校教师意志,很好地分析、引导,提出明确的办学目标,制定相应的方案。

进一步来讲,教师在学校治理中的作用,并不是被动地表达自己的意愿,而是对于一切自己认为是错误的或者不合理的学校建设目标、工作计划及资源配置等

> **教师:治理的主人**
> 质疑与批评
> 设想与建议

等,主动地明确地提出自己的质疑和批评、设想和建议。现在流行一个概念,叫作"教师领导力"。我不知道大家对这个概念怎么理解。这种观点认为教师是一种领导,对于课程、对于学生、对于课堂等等,他都进行着一种领导,强调教师的领导的力量等等。我在这里借用这个概念,是想强调教师领导力在学校治理过程中的作用。也就是说,如果存在着教师领导力的话,那么,它的一个主要体现就在于教师作为一个整体在学校治理过程中的影响和导引。

之所以这样讲,一方面是因为教师必须对学生的成长和发展负责,另一方面,从学校对于教师有什么用、学校对于教师的意义的角度来讲,教师也应当主动介入学校的治理过程。我们说,对于教师来讲,

> **学校对教师的意义**
> 借以谋生的工作场所
> 得以行动的集体环境
> 赖以滋养的精神家园

学校是教师借以谋生的工作场所,教师不能不对自己借以谋生的工作场所加以关注和关切,并去影响它。学校也是教师得以行动的一种集体环境。除非教师在家中自己看书,教师在学校中的一切行动都是在学校这样一个集体环境中进行的。这个环境中除了教师本人之外,还有其他教师在、有校长在、有学生在,教师在这个环境中的行动和他独自在家中的行动是不一样的。教师不能不对自己得以行动的集体环境加以关注和关切,并去改造它。学校还是教师赖以滋养的精神家园,教师不能不对自己赖以滋养的精神家园予以关注和关切,并去建设它。

因此,我们说任何一个教师都有责任,也有权利为了使自己的工作场所、使自己的集体环境、使自己的精神家园变得更加有活力、更加有魅力而投入自己的情感,贡献自己的智慧。所以,我们不必讲那么多的大道理,而是要和教师的切身利益、和教师的生存联系起来。也就是说,即便从某种打引号的"自私"的角度来看,教师也应当关注学校,应当介入学校的治理过程。

我们的许多老师,虽然人在学校,但却并不是学校中的一个积极的成员,学校对于许多教师来讲,就像是一个令人压抑的牢笼,教师就像这个牢笼里的一头困兽。我们经常谈到学生,说许多班级对于学生来讲是一种牢笼,学生在里面像一头困兽。其实,教师在许多情况下不也同样如此吗?当然啦,各位老师所在的学校肯定不是这样的,各位老师所教的班级也不是这样的。我这里主要讲的是其他的学校。

教师为什么没有成为学校的"家人",而是成了"局外人"?一个很重要的原因,就是因为校长把教师排除在学校的治理过程之外,校长只是把教师当成执行学校决定的一个工具。大量事实表明,如果教师被排除在学校治理过程之外、享受不到参与决策的权利的话,如果教师不是学校这个大家庭中的"家人",实际上只是一个"局外人"的话,那么,教师的心态就会比较糟糕,就会有一种被决定、被支配、被压制、被耍弄的感受。

这是很麻烦的,因为我们发现,教师的消极状态是难免要转嫁到学生身上去的。他如果在学校中是被决定、被支配、被压制、被耍弄的话,那就难免会导致他对于学生的决定、对于学生的支配、对于学生的压制、对于学生的耍弄。能量是守恒的,不同方向的力量总归是要得到平衡的,力量最后是综合的。如果教师能平等地民主地参与学校的管理,那么,他可能也会平等地民主地对待学生。当然,这也不是绝对的。但是,如果教师在学校中有"局外人"的感受和心态,他在学校的教师中处于底层,处于一种被决定、被支配、被压制、被耍弄的状态,那就难免会转嫁到学生身上。

这就好像有些人在单位里的表现和在家中的表现不一样,完全判若两人。在单位里是勤勤恳恳,大气不敢吭一声;在家中却是凶神恶煞。这从心理学来讲,是一种正常现象。如果教师在班级中谋求对于学生的决定、支配、压制和耍弄的话,那学生就倒霉了。所以,我们校长、园长如果对教师不好,实际上等于对学生也不好,因为校长主要是通过教师和学生发生关系的。校长不可能总是直接和学生发生关系,校长与学生即便直接发生关系也是个别的。

所以，教师应当成为学校组织中一个负责任的成员，成为学校这个大家庭中的"家人"，而不是"局外人"。校长的一个很重要的任务，就是让教师成为学校中的一

> **教　师**
> 介入的人　家人
> "平等"的快乐

个负责的人、一个家人。这样，教师就能主动关心你的治理过程，和你一起出谋划策，他把学校当作他自己的家。这样的话，学校还有治理不好的吗？而教师在参与学校治理的过程中，就可以体验到一种快乐，这就是"平等"的快乐。教师享受了"平等的快乐"，也会同学生分享，也会使得学生成为班级这样一个集体中的家人，成为一个平等的成员。

因此，教师与校长一样，都是学校集体的主人，都是学校治理的主人。事实上，只有当教师成了学校治理的主人，他才能够在学校这个大家庭中成为真正的家人，他才能够在学校这样一个小社会中算得上是一个"平等的人"，他也才能够努力地积极地使学生在班级社会、学校社会中成为一个平等的人。也只有这样的学生，才是我们国家建设民主社会的未来人力资源。我们不是常常讲"人力资源"吗？"人力资源"中的"资源"究竟是什么？绝不仅仅是技术，不只是一加一等于二之类的东西，而首先是他的文化品质、精神素养，是这些东西。而这些东西是在学校的日常生活中形成的。

第三，"今天"又是一个特别需要个体努力追求超越的时代。教师应成为"追求超越的人"。

当今时代，竞争空前激烈。这种竞争绝不会明天就结束、明年就结束、十年二十年三十年就结束，也绝不会因为和谐社会的建设而终止。作为个体，要想在这样一种竞争激烈的社会里很好地生存，必须要具备清晰的竞争意识和一定的竞争能力，必须不断进取，努力超越自己的过去，并尽可能超越他人。我说的是"尽可能"。

但我今天想强调的不是这种意义上的超越，我今天想强调的是超越的另一个方面。我们都知道，当今时代是一个物欲横流、功利至上的时代，在这样一个时代里，人很容易失去理想、缺少信仰、追名逐利、纸醉金迷。因此，作为个体，要想使自己活得快乐、活得幸福，又应当有一种顺其自然的心态，不

要有太重的名利心，尽可能追求内心的充实与平静。也就是说，尽可能超越这个功利的世界。否则，人就很容易陷入没完没了的紧张、没完没了的焦虑和没完没了的烦恼之中，很容易神经衰弱、精神分裂。当然，因此而被送进精神病院的只是少数。但是在一个物欲横流、功利至上的时代里，许多人或多或少都会有一点精神分裂的感觉。大量的事实、大量的经验之谈也告诉我们，没有一个物质欲望很强、功利心很重的人在内心里是真正快乐、真正幸福的。

因此，我这里所说的超越就包括了两层含义。一层含义是说要不断进取，正当竞争，努力超越自己的过去，超越他人的成就；另一层含义是说要顺其自然，努力超越功利的世界。我想，在今天这个时代，要想同时做到这两点是很难的。但在今天这样一个时代里，你要想很好地立足于这个世界，同时又能感受到内心的快乐和幸福，却又不能不努力追求这两种超越。

> **超　越**
> 不断进取
> 轻看名利

关于第一层含义的超越，也就是"不断进取的超越"，相对来讲我倒认为是比较容易的，为什么呢？因为我们每一个人其实都有创新的天性，都有创新的天能，这在我们的儿童时期就可以表现出来。一些心理学的研究已经表明了这一点。这种创新的天性和天能是我们努力实现不断进取的超越的一种人性基础、禀赋基础。

但问题在于第二个层面的超越，也就是"轻看名利的超越"。这是我要强调的重点。关于这第二个层面的超越，我们需要问一问的是，在今天这样一个物欲横流、功利至上的时代里，我们的教育可以引导学生做到超越吗？可以让他们充分地享受到内心的快乐吗？可以为他们在今后的人生中坦然立足于这个世界奠定必要的精神基础吗？

从这里可以引发的对于教育目的的思考就是：为了对学生的未来负责，除了刚才所讲的"站立意识""介入意识"之外，我们是不是也要培养一点学生的"超越意识"？或者换句话来讲，培养学生的超越意识是不是也应当成为我们今天的教育目的的一个组成部分？

如果应当的话，那么，问题又来了：教师呢？如果教师自身不思进取、自身追名逐利的话，那又怎么能指望他把学生培养成一个超越的人呢？也就是说，教师自身难道不首先应当成为一个超越的人吗？他所进行的教育实践难道不应当是一种充满超越精神的实践吗？在这个意义上，我可以用我在另一个场合使用的一个概念来表达，这就是：教师应当努力成为"实践的主人"。

> 教育的新目的(3)
> 培养"超越的人"

大家可能会说，我们每天都在进行教育实践，相对于你们这些所谓的教育理论工作者来讲，我们就是一线的教育实践工作者，怎么还要成为实践的主人呢？

我说不一定。不错，你是在进行着所谓的教育实践，但是你可能恰恰不是教育实践的主人。为什么呢？因为你很可能只是一种机器，一种工具，甚至是一种奴隶。各位老师，千万不要觉得我讲得有点苛刻，有点刻薄，其实一点也不苛刻，一点也不刻薄。许许多多的现象表明，我们的不少老师就是机器、就是工具、就是奴隶。

> 教师很可能是
> 教学的机器
> 权力的工具
> 名利的奴隶

——比方说，如果教师只是循规蹈矩地按照上面的种种精神或规定去组织教育教学活动，没有一点点进行自己的探索的欲望，没有一点点形成自己的特色的尝试，那么，教师不是一种教育教学机器又是什么？

——如果教师在校长的压力下——当然也可以说校长在局长的压力下，(笑声)为了提高班级的成绩排名而每天给学生布置海量的家庭作业，三天两头进行测验、考试，并且按成绩把学生分为三六九等，那么，教师不是权力的工具又是什么？

——如果教师首先考虑的不是学生的健康成长与发展，而是自己怎么能获得更多的名誉，怎么能得到更高的地位，怎么能取得更多的利益，那么，教师不是自己的名利之心的奴隶又是什么？

这样的教师再辛苦、再忙碌、再疲惫，也谈不上是教育实践的主人。他所进行的教育实践也就谈不上是具有超越精神的实践。20世纪80年代我在无锡做教育实验研究的时候就曾经说过，我们的许多教师是在辛辛苦苦地摧残学生,其实他也是在摧残自己。现在也仍然如此。

什么样的教育实践可以说是具有超越精神的实践呢?我这里也来不及更多地展开,因为郭华没有给我更多的时间,(笑声)所以只能很概念化地讲几点。

第一,在实践的宗旨上,教师不是以师为准的,而是以生为本的;第二,在实践的动力上,教师不是被迫无奈的,而是自觉自愿的;第三,在实践的过程上,教师不是按部就班的,而是反思建构的;第四,在实践的方式上,教师不是故步自封的,而是开拓创新的;第五,与此同时,在与实践结果有关的名利上,教师不是朝思暮想的,而是顺其自然的。我想,在座各位都是顺其自然的,(笑声)然后名教师、名校长等等就落到头上了。(笑声)这个一点都不成问题,但如果你不顾一切地去抢、去夺,那肯定就不对了。

我认为,只有做到了这些,教师才可以真正称得上是"教育实践的主人",他所从事的教育实践才可以称得上是具有超越精神的教育实践。这样的教师是有德性的,因为他是以学生发展为本的,他自觉自愿地把学生的成长与发展放在第一位;这样的教师是有才干的,因为他是以开拓创新为前提的,他可以根据学生成长和发展的需要,不断探索、不断琢磨、不断出新;这样的教师是有追求的,因为他不满足于自己的过去,不满足于他人的成就,同时也不去追逐名利。这样的教师,既有德性,又有才干,还有追求,他实现了双重超越。那么,我们就可以把他称为"贤人"了。

> **教师:实践的主人**
> 德性　学生发展为本
> 才干　开拓创新为先
> 追求　双重超越为要

我觉得,教师在做这种"超越的人""贤人"的过程中,也会体验到一种快乐,这就是"创造"的快乐,他创造了新的成就,创造了自己的快乐的世界。这里念几个排比句给各位老师听听:他因为自己能够不断地新招迭出而感到快乐,他因为自己能够不断地把迄今为止的成绩变成历史而感到快乐,他因为自己能够不断地与众不同而感到快乐。与此同时,他也因为自己能够坦然面对各种名利的诱惑而感到快乐,因为能够静静地享受教育的科学化与艺术化过程而感到快乐,因为能够见证学生成长与发展的历程而快乐,同时也因为能够见证自己的

> **教　师**
> 超越的人　贤人
> "创造"的快乐

成长与发展的历程而感到快乐。所以,这个时候的教师,我们说他真正体现了人的本质,成为一个"创造的人"。

最后大致概括一下,对于"今天,我们怎样做教师"这个问题,我的认识是,在今天这样一个时代,除了我们迄今为止已经反反复复讲过不知多少遍的爱、尊重、宽容、赏识、博学等等之外,教师还特别需要昂首挺胸地站立在讲台上,自己讲真话、讲真理,也鼓励学生说真话、求真理;在今天这样一个时代里,教师还特别需要主动积极地建构自己的生存环境,尤其是积极主动介入学校治理,同时也鼓励学生积极主动介入班级治理和学校生活;在今天这样一个时代里,教师还特别需要追求超越,既需要不断进取,尽力超越自己的过去、超越他人,更需要坦然面对名利的诱惑,保持内心的平静。

总之,在今天这样一个时代里,教师除了应当成为人们迄今为止反反复复不知讲过多少遍了的"大爱之人""博学之人""宽厚之人""乐观之人"之外,还特别需要成为站立之人、介入之人、超越之人;特别需要成为真人、家人、贤人;并因此而享受"自由的快乐""平等的快乐""创造的快乐"。我想,我这里讲的"自由""平等"和"创造",可能和其他人讲的内涵不完全一样。

上面讲的这三点对于今天的教师其实也是很大的挑战,因为第一点(也就是站立之人、真人、自由的快乐)要求教师在有利于学生成长和发展的前提下不光要无所畏惧地想,而且要实事求是地讲;第二点要求教师不光要甘当螺丝钉,而且要关注整个机器的运行;第三点要求教师不光要努力争先,而且要坦然面对名利。

可不可以这么说,就是对教师而言,应对这三方面的挑战其实要比我们迄今为止所说的拥有爱心与耐心等等要困难得多,比学会鼓励、学会尊重、学会什么等等要困难

今天的教师		
站立之人	真诚思索	真实说话
介入之人	甘当螺丝	关注机器
超越之人	努力进取	坦然面对

得多。但是,在今天这样一个时代,如果我们教师不能很好地应对这三方面挑战的话,如果不能成为,或者不能在相当程度上成为"真人""家人""贤人"的话,我们的教育就不会有能够体现"今天"的时代要求的成功。道理很简单,如

果我们教师自己以及我们因此而培养出来的学生都是一些跪着的人、都是一些不主动改造自己的生存环境和精神家园的人、都是一些不思进取却又追名逐利的人,那又怎么能引导学生成为站立的人、介入的人、超越的人呢?那又怎么能让我们看到这个国家和民族的未来希望呢?

但是我相信,在座各位其实早就做到了。你们都已经是"站立之人""介入之人""超越之人"了,都已经享受着上面的三种快乐了。如果真是这样的话,我今天也等于是白讲了。(笑声)如果是这样,如果真的是这样,那我就要来一句"文化大革命"的语言了,那就是:向各位老师学习!向各位老师致敬!(笑声)

主持人:

向吴老师学习!向吴老师致敬!感谢吴老师,一般像吴老师这样的学者研究到最后都是要对社会发言的。吴老师今天讲的已经不是自己的本行了,是对社会发言了。

吴康宁:

哎,不是啊。我是觉得,我们现在常常不是首先把社会弄清,不弄清这个时代究竟有什么新要求,然后就开始搞教育,然后就开始套文件,那个对实践没有用。我们现在的实践太复杂了,社会太复杂了,学生也很复杂,他在学校之外不知道已经接受了多少东西。你如果不把时代的特征搞清楚,不在你的实践过程中增添一些新东西的话,学生不会从心底里服你,不管你有多少称号。

主持人:

吴老师今天其实不仅仅是说怎样当老师,当老师得先弄清社会,弄清社会就是吴老师的本行了。估计吴老师讲的这些大家也很受震动。

吴康宁:

没有。不可能的,我看得出来,根本就没有震动。(笑声)内心里不可能震动的。但内心是看不出来的,(笑声)内心那是个谜。(笑声)

主持人:

大家要是还有些别的问题,可以问问。大家强烈要求每次讲完要讨论,因为我们这个环境很好嘛，只有十几个人。

吴康宁：

那要把门关起来。（笑声）

主持人：

也可以讨论讨论。

听众：

吴老师，今天听了你讲的之后，很受启发。因为我们正在做一项研究，就是学生的自治与互助。陶行知八十多年前到我们学校来，肯定了我们的自治。当时在无锡很多学校都搞学生自治，而且也提出了自治的几个方面，包括不是自由行动，而是共同治理，不是取消规则，而是共同立法守法，不是放任，而是练习自治。您今天讲的是我们现在这个时代怎么来做治理。所以，我现在想的是，请您到我们学校来讲一课。（笑声）

吴康宁：

谢谢！我还是觉得，在座的毕竟是优秀教师，我今天讲的有些内容虽然不怎么样，但是从大家的表情来看，可能在文化上比较相通。讲这些内容时也不能随便讲故事。关于爱啊、宽容啊等等，可以讲出很多很多的故事，你们自己就有很多的故事。我觉得让你们来讲，会比来讲演的人更加精彩。

问题真的是在今天，今天的中国真的是处在一个非常特别的时期，一个非常时期，各种悖论性的东西非常多，所以教育其实是特别的困难。有时候你会感到学校或者幼儿园，我们的教育工作者非常无助。许多问题的产生其实与学校无关，也不能说无关，但主要的责任不在学校，而是在社会、在社区、在家庭、在大众传媒，等等。但是，最后你会发现在这个过程当中，教师不得不担当一种急先锋，不得不担当主力军，但是这种担当远远超过了我们的能力，其实也超过了我们的职责。所以，会感到无助，有的时候也会感到无奈。但社会给了你这样一个称号，逼得你不得不尽最大努力去做，做成什么样子呢，没有人、其实很少会有人给你一个公正的评价。因为我们对于结果的测量、对于学生最终发展成为一个什么样的人的评价，没有办法把学校和社会分离开来进行。所以,最后许多板子还是打在学校身上。黑锅,校长和教师还得背。这样的状况实际上是中国这么多年来、几千年来都没有过的,这种局面是没有过的。

因此,我们在教育实践的过程中,真的是需要不断地思考。你不可能有很多的绝招,但总得有一些同今天这个时代的要求相对来说更多地吻合一点的东西。在这个意义上,应当有新的思路。我真是觉得,在今天,我们应当有教育的新思维,或者说基础教育新思维。这个新思维也不可能有一个统一的标准,它就是针对你的学校,你们也可能会当区长,那就针对你们地区,应当有具体的新思维。

这个新思维的话,怎么说呢?对了,项链把许多珍珠串起来的那根线叫什么?(听众插话:就叫"线"。)这么说吧,我觉得我们在教育实践中肯定都会有许多闪光的东西,都有很多即便是你们自己也感到得意的东西,这些都是珍珠。但是,你得有一条线,就是我刚才讲的教育新思维的这条线,这条线可以把所有的珍珠串起来,变成项链。单个的珍珠是没有价值的。(听众插话:价值不大。)包括钻石,不镶嵌在戒指上,那也是价值很小的。

所以,我觉得我们现在缺少的是把珍珠串起来的线。对于每个教师来讲,对于每个学生来讲,对于每个学校来讲,应当有体现教育新思维的这样一条线索,或者说一种魂灵。你要想到,在和学生接触的具体过程当中,在教育学生的丰富实践当中,珍珠太多了,钻石太多了,问题在于你得找到那枚戒指,把它镶嵌到戒指里面,这就是新思维。要是完全套上面的精神,或者套其他的一些做法,你会永远跟在后面爬,就不会有区别于其他班级、其他学校的相对来讲比较亮眼一点的东西。今天讲的内容呢,说实话,也就是稍微逻辑一点,很难说有多少创新,因为真正丰富的东西在你们自己的教育实践中。

听众:

我们现在这个时代从教师所处的社会环境来说,从历史来看,是不是一种比较恶劣的环境?或者回避"恶劣"这个词,是一个"特殊"的环境?

吴康宁：

应当说是非常复杂的，错综复杂。或者，从某种意义上讲，"困境"的意涵要多于"盛世"的意涵。今天这个时代，对于教育来讲，对于教师来讲，就是这样的。对不对？说我们现在是盛世啊，（笑声）太平盛世啊，哪里是这样子的！其实面临着困境，教育尤其面临着困境。经济的困境与教育的困境简直没法比。经济再面临困境，几个强有力的措施一搞，总归能有点办法。教育呢？开玩笑！人多复杂啊！你现在想什么，我哪儿知道啊！（笑声）我们就避免用那些太刺激的字眼，"恶劣"啊什么的。我们讲整个社会的时候，就不用过于刺激的字眼，讲"困境"是可以的。我们甚至不用"危机"这个词，但其实教育真的很危机。

听众：

吴老师，是不是可以这样认为，中共十六大提出三个文明一起建设，政治文明、经济文明和精神文明，实际上从你今天所展示的新思维、新视角来讲，其实也隐含着这样一个导向，就是说我们现在的政治文明要从教育、从教师这边抓起。实际上您今天所触及的，比如做独立的人、自由的人、寻找平等，等等，这些词语实际上都是属于政治的概念。我们以往的教育对政治是回避的，而我们现在也不可能直接与政治针锋相对，但是我们也不可能去回避，我们需要去迂回，需要去做。是不是隐含着这样一个判断？（笑声）

吴康宁：

我是经不起分析的，（笑声）不光是我了，邓小平说一句话，下面搞了那么多分析，说他是怎么想、怎么弄的，等等，他们就没去问下邓小平本人"你到底是怎么想的"。（笑声）你现在是问我到底怎么想的。（笑声）

我这里始终没有用"政治"这个词，但政治是镶嵌在、渗透在我们的每一种社会生活当中，在社会生活的过程当中，也渗透在、弥漫在我们的学校生活过程当中。比方说班级，我们也许会说，班级不都是学生吗？学生跟政治有什么关系啊？当然，我们说班级是一种教育组织，即便是班级管理，也应当基于教育目的。但既然是班级，它就有管理机构，比如班委会，还有各种课代表、小组长等等，管理角色有很多，对不对？尽管它可以采取轮值制，但既然有这个机构,这个机构在一段时间里就拥有相应的权力。而政治是什么?政治就是关于权力的运作、协调、发展等等。所以,我们即便不去讲国家的政治,我们就讲学校里面的政治,讲班级里面的政治,都没有什么关系。而要建设民主社会,让我们每个人生活得更加自由、平等、民主,它必然要涉及权力。如果学生一天到晚被教师所压制,比如作为一个差生,在班级的三六九等的结构中被放在第九等,总是受班长的欺负,总是受好生的欺压,这就已经涉及政治问题了。我没有任何的权力,那不是政治问题吗?

对于政治的理解,我们过去往往只从宏大社会的运转的角度,从阶级斗争的角度,其实不只是这样的。其实,班级里面有底层啊,班级里的底层放大了就是社会中的底层。班级里面实际上也已经有阶层结构了,权力已经不平等了,这就是政治。在这个意义上,我们要让学生在班级中过一种相对平等的生活、民主的生活。当然,这个学生当班长,他使用权力,其他的学生处于权力的低层,他处于高层。但是,你可以改变方式啊,过一段时间,其他学生可以当班长啊。通过这样一种实践,我们就培养了未来的政治人。这个政治人是建设未来民主生活所需要的。

因此,绝对不要把宏观的政治和微观的政治切割开来。所以,你讲的确实是有道理的。我们就是在这种日常教育实践当中,让学生通过他平时的学校生活、班级生活,走上社会之后,能够自然而然地、比较顺利地成为"介入型公民"。这样,国家就会有希望。

但这也只是教师的职责的一个方面,另一个方面就不好说了,因为在国外,教师是很有权力的,因为教师有各种组织,他可以通过教师组织争取自己的权力。我们的教师呢?我们的教师一方面通过对学生的培养过程,实际上已经影响了政治,影响了未来的政治。对不对?另一方面,对于社会你也可以发表意见嘛。不过,最大的政治还是在教育实践中。我们经常讲教育实践、教育实践,你就没有意识到我们的教育实践其实也是一种政治实践、一种经济实践、一种文化实践。对于教育、经济、社会、文化等等,现在我们的观点已经是把它看成是镶嵌在一起的,只不过在名义上分成了各个领域。

听众：

刚才吴老师一解释，我知道了"今天，我们怎样做教师"说的是"今天，我们在中国怎样做教师"。

吴康宁：

对，讲的是在今天的中国。

听众：

关于今天怎样做教师，原来有一本谁写的书，我们全校老师都看过。听吴老师讲完之后吧，我感受最深的一点是，原来把国家的人力资源就看成是能为国家做出一些宏观的重大贡献的那样一些人，但是现在感觉到有一点很清楚，就是文化的品质和精神的内在力量，是人力资源里面的一个非常重要的基础。国家对基础教育现在提出了一个是质量问题，一个是均衡问题。均衡吧，那是政府的责任，一个区域的事情。就质量问题来说，现在我们常常谈到减负问题。今天听了吴老师的讲座之后，我的一个很深的感受，就是这个减负啊，可不只是学生作业多与少的问题，它是学生喜欢不喜欢的问题，就好像一个人在一个单位，领导对他很欣赏，环境很宽松，心情很愉悦，他就是累死也愿意干，就是这样的。但是反过来讲，他的工作心情不愉快，是绝对不愿意干的。所以，今天听了吴老师讲座之后，使自己更明确了，会朝着正确方向更好地做下去。

吴康宁：

要做到确实不是一件容易的事情。但是在"今天"这样一个时代，又是必须做的。不做，你不可能有真正的成功，不可能有区别于其他人的成功。你就只能照着迄今为止许许多多教育名家、所谓的教育名家所说的那样去做，你就只能在一般的意义上拓展那些爱啊、宽容啊，但却不可能有新的理念。也就是说，我们需要有比较具体的教育新思维。

听众：

还有一点，就是说今天我们做老师，大家都觉得为什么做得这么难啊，还有新课标对我们老师提出了更高的要求。对新课标，开始的时候老师们有个误解，认为课堂教学叫学生讨论了，我老师还有啥事啊？小组合作时，老师的责任又在哪里呢？对于这些方面的问题、对于很多细节的东西，并不是太明确，你看我们在听课的时候就发现，只要是小组讨论，很多老师就在教室里面走来走去，从讲台上走下去也是做样子给别人看，主题的问题并没有拎出来，他不知道在课堂里作为教师的指导者、组织者的身份应该是什么。（吴康宁插话：他已经不知所措了，真的不知所措了。）对！所以，我听完之后，真的感到老师在课堂教学中的责任更大了，今天对老师的素质要求越来越高了。高在哪里呢？需要有一种精神让学生和自己都能站立起来，不仅仅是技术、技巧上。

听众：

其实，我们对老师提要求，要他们让学生做主人，可是我们常常只是提了一个要求，但却没有使老师对于这个要求具有一种敏感，就是这个要求跟我们的时代发展结合所产生的一种意蕴。如果让老师们听听吴老师讲的，对吧？这个时代就是要培养这样的人，所以我们提出了要让学生做主人……

听众：

对，我们原来就是说宽容呀、包容呀、理解呀什么的，没有往这方面想……

听众：

这实际上是要解决一个教师的动力的问题，就是说，站立起来也好，介入也好，超越也好，都是动词啊。那么，要站立、要介入、要超越，这个动力来自哪里？其实现在我们的许多老师客观上来说，是愿意被奴隶、愿意受折磨、愿意什么什么……

吴康宁：

这是很可怕的。在这个意义上，我们现在还没有脱离鲁迅当年、一百多年前说的那种状况。

听众：

对，愿意被什么什么，就是这么回事情。

听众：

今天的老师，就是昨天的学生。

听众：

这个地方呢，就是要解决一个教师怎么样自觉自省的问题，不要以为教师就是教育者,教师是受过教育的。其实我们的教师,他们的自觉自省的意识是很淡薄的。啊,这个事劳神,就教好书算了。这个我觉得是很根本的东西。

听众:

其实还有一个师范院校的教育问题。现在变成了我们要去培训,是很辛苦的。师范院校应该改革,给我们输送合格的毕业生。

……(热烈的讨论、相互交流)

听众:

我还有一点感受比较深,就是我们在做每一项工作的时候,包括教师个人,都要把握一个度的问题。在中国,你要是超过这个度,非出事不可。老师是这样的,校长也是这样的。但是校长也没有接受过专门的校长教育,你是今天走到这个位置上的,特别是年轻的校长,像我们这样20世纪60年代的人,接受的是那样一种教育,要转变为现在的这种以人为本的教育,就像吴老师所说的,有时候真的是非常难的。真正地对教学的变革和改革,是很难的。

吴康宁:

我觉得作为一种思想、一种原则,在脑海里是应当确立的。另外的话呢,在实践的过程当中,真的也不排除妥协。有时候是一定要有妥协的,真的。列宁当初对帝国主义还妥协呢!他不妥协,苏联作为一个苏维埃国家都生存不下去。

比方说你这个学校里面,如果只有三五个教师有这样一种文化、这样一种精神,那肯定是玩不转的。在这种情况下,一定要拉近和其他教师的距离,哪怕这一段时间可能会有所损失、有所减损,这没有关系。"全"或者"无"、非此即彼,这样的状态永远都不会成功。但是呢,作为一种境界,应当去追求,因为这种境界是我们今天所需要的。也就是说,如果把这里所讲的看成是相对远大的一种战略的话,你的具体的策略、具体的战术是可以调整的。(听众插话:这是一个方向,是应该追求的一个方向。)对,而且,这个方向绝对不是空的,它是有"今天"的事实依据的,是基于事实的要求。有些新思维也可以视学校的具体情况而定,有阶段性特点。(听众插话:可能就是一个历史阶段,走到这样一个历史阶段,就有它的声音。)(听众插话:呼唤了,开始呼唤了,强烈地呼唤了。)在这样一种转型期啊,这么复杂,这么错综复杂,悖论性的东西特别多,这样一个非常时期到底会持续多长时间,我们不知道。(听众插话:漫长的。)

主持人:

怎么样,时间差不多了吧?吴老师一会儿还要去赶飞机。听完吴老师的讲座,大家有没有要深呼一口气、要挺直脊梁、昂首挺胸的冲动和激情?有吧?一个昂扬向上、积极进取的时代,就会有这样的教师;或者说,因为有了这样的教师,一个社会才可能昂扬向上、积极进取。最后还是要再次感谢吴老师,吴老师的讲座给我们带来的不仅是思想的启迪,还有人格魅力的熏陶,估计在座的每一位都想和吴老师建立亲密关系了。(笑声)那么,你们要先成为能够昂首站立的人才行啊!

教师自身专业发展谁做主

(2012年5月18日,南京)

各位老师、各位同人:

大家下午好!

快到傍晚了。(笑声)我虽然去过台湾,但只是短短的几天时间,走马观花,连粗浅的了解都谈不上。所以,尽管是双城会,我也只能谈谈大陆的情况。但即便是大陆的情况,对我来说也很不容易讲,因为虽然在类似于今天的场合做发言也已经有不少次了,但是从来没有一次像今天的这个发言让我感到特别为难。(笑声)昨天下午和今天上午我没有参加,但是仅仅参加昨天上午的活动,就让我一直坐立不安。因为,我有一个习惯,我一般比较懒,假如说今天上午要发言,我可能到今天早上才能把发言稿或者PPT准备好。但是因为这几天比较忙,所以发言稿和PPT是一个星期前就提前做好了。结果到了昨天上午,听了校长沙龙以及两位校长的讲演之后,发现完蛋了,真的完蛋了。从××校长开始讲教师发展的动力问题,一直到最后,一个一个的观点,我发现全都是我这里有的。(笑声)我先是跟成尚荣所长说,坏了,我跟他讲的是一样的,所谓"英雄所见略同",尽管实际上他是英雄我不是英雄。然后是校长沙龙,××校长讲过之后我也跟他说,完了,这观点我也有。再然后到了××校长,还有张三李四王五校长等等都讲了。而我就有点像那个《非诚勿扰》,(笑声)一盏盏灯全都给灭了。(笑声)假如我有十个观点十盏灯,全部被灭了,按理说我就不能站在这个台上了,我就没有资格了。所以,我终于知道什么叫作厚着脸皮来讲一讲了。(笑声,鼓掌)

大陆教师专业发展需要转型

我讲大陆的情况。大陆的话呢,我觉得在如今的大陆基础教育界,教师专业发展的重要性,人们对于重要性的认识,几乎已经成为一种常识。关于教师专业发展的实践探索,可不可以说也是如火如荼、方兴未艾。中央和各个地方都出台了不少有关教师专业发展的战略规划和政治举措,许多中小学也出台了关于教师专业发展的行动计划和一些具体方案。所以,在这个意义上,我可不可以说,在当下的大陆基础教育界,实际上已经有一种教师专业发展的浪潮。

但是,就我自己的直接观察和间接了解来看,大陆教师专业发展的实际效果总体上来讲和这种浪潮的景观极不吻合。我讲的是"实际效果"。就好像昨天戚校长开头就谈到的那样,所谓实际效果,不是指的教师通过专业发展,他的学历层次得到了多大的提高,拿到了多少研究课题,发表了多少科研论文,获得了多少荣誉奖项等等。我说的实际效果,和戚校长讲的一样,是指教师他作为一个教师的职业德行有没有得到切实的提升,人文素养有没有得到切实的加深,专业知识有没有得到切实的丰富,专业能力有没有得到切实的增强。

如果用这四个"切实"来衡量的话,大陆的教师专业发展工作,就如同其他许多工作一样,总体而言,可不可以说我们实际上是高昂激扬的口号比较多,切合实际的思想比较少;煞有介事的动作比较多,脚踏实地的行动比较少;精美豪华的包装很多,而货真价实的成果我认为很少。那么,大陆教师专业发展的理想状态应当是怎么样的呢?它的实际状况又是怎么样的呢?针对它的实际状况,应当有一种什么样的工作方针呢?应当具备一些什么样的条件呢?所以,我今天就是想从"动力""计划""过程""特色"这几个方面向各位老师汇报一下自己的一些看法。

动力:自觉的发展

首先是"动力"问题。昨天上午戚校长也首先谈到了教师专业发展的动力问题。从"理想"的期盼来说,由于教师的专业发展是属于教师自己的专业发展——这一点我们一定不要忘记了,我隐隐约约感到不管我们是来自哪个学校,但这两天会议代表的发言总还是表现出一种管理者的姿态、精英的意识。我们是不是自觉地不自觉地并没有把教师专业发展看成是属于他个人的专业发展?我们好像总是想要代替他们做些什么。我这里要强调,由于教师专业发展是属于教师自己的专业发展,是必须由教师本人亲力亲为的事情,所以,它的根本动力只能来自于教师自身。也就是昨天有的校长所讲的,来自于教师自身对于专业发展的内在需要和愿望。只有教师产生了这种内在的需要和愿望,才会有寻求专业发展自觉的意识、饱满的精神、认真的态度以及不懈的努力,教师专业发展才会成为一种坚定的、持久的行动。

所以,我们需要的是教师的"自觉的专业发展"。换句话来讲,是"主动的专业发展"。我们肯定不能说,现在的教师专业发展已经都是这种自觉的主动的发展。因为,在所谓的教师专业发展浪潮中,普遍存在着截然不同的另外一种倾向。那就是"强制的专业发展",或者说"被动的专业发展"。在这种类型当中,教师自身没有寻求专业发展的强烈的内在需要和愿望。尤其是在大陆,在教育行政部门和学校对于教师专业发展的种种硬性规定下,比方说和职称挂钩、和提拔挂钩、和评优挂钩等等,在这个工程、那个计划、这个考核、那个检查的催逼下,教师不得不按照实际上的命令去进行自己的专业发展——这是我的看法,我后面还要强调。我是讲的总体,而不是说的某一个学校——教师他们不得不参加一系列组织化制度化的专业发展活动。于是就出现了同我们这个时代十分吻合的一种现象,我们这个时代的一种普遍现象就是"被"。昨天薛校长也谈到了,就是说出现了一种教师的"被专业发展"的普遍现象,尽管昨天上午薛校长是从另外一种意涵上来讲教师的被专业发展问题的。

当然,教育行政部门和学校对于教师的专业发展是可以提出要求的,甚至是可以做出一些规定的。但问题是,这些要求和规定本身不能成为教师专业发展的出发点、依靠点和落脚点。如果实事求是地回顾和检查一下的话,我们就不得不承认,在一定程度上这些规定和要求其实已经被当作了出发点、依靠点乃至落脚点的。我们说,没有教师的内在需要和愿望,对于教师专业发展的任何强制性要求,任何组织化、制度化的专业发展活动,都很难真正唤起教师自身的专业发展热情,很难保证教师主动地、积极地、持久地投入到自身专业发展实践中去。这些外部的强制性要求对于驱动教师的专业发展行动所能起到的作用,同教师的内在需求和愿望所能起到的作用相比,绝对是小巫见大巫。这是大陆的教师专业发展迄今为止虽然时间还不是很长的实践所反反复复证明的一个道理。如果你把许多的包装去掉、把伪饰去掉,我们就会看到这些事实。

所以,在这个意义上,我们说大陆教师的自身专业发展就面临着一个转型的问题。也就是从"外压型的专业发展"转变为"内需型的专业发

> **教师成为动力**
> 外在压力 → 内在需求
> 强制的发展 → 自觉的发展

展"。而这就决定了教育行政部门和学校在促进教师专业发展方面的一个基本工作方针,昨天闫校长实际上也提到的,我这里把它更加明确地表达一下,就是"使教师成为他自身专业发展的动力"。昨天闫校长用了动车这么一个形象的比喻,我觉得比喻得十分恰当。任何外来的推动力、拉动力或者其他什么方式的作用力,最终都必须转化为教师自身的内驱力。我们的内驱力是不是足,是不是够?我是怀疑的。

计划:自主的发展

第二个是"计划"问题。这个问题说的是,教师个人的专业发展计划由谁来制订?谁来实施?从表面上看,这根本就不是一个问题。自身专业发展计

划不是教师自己写的吗？教师不是按照计划去行动的吗？似乎确实不是个问题。需要明确的是，由于教师专业发展说到底是教师本人的发展，是必须由教师亲力亲为的专业发展，所以，教师经过一段时间的努力，自身专业发展究竟能达到什么程度，究竟通过什么途径才能实现有效发展，我认为说到底只有教师自己心里清楚，只有教师本人才能制订出并努力去实施适合于自己的专业发展计划，其他人强求不得，奈何不得。

当然，我们说教育行政部门和学校，尤其是学校，可以对教师的个人专业发展提出希望、期待方向和预期目标。但是，这些期待方向和预期目标能不能被教师个人所认同和接受，教育行政部门说了不算，学校领导说了不算，那是教师本人选择的结果。也就是说，从计划的制订和实施的角度讲，教师专业发展应当是教师自主的发展，或者说应当是由他自己制订计划并付诸实施的最适合于他自己的发展。昨天祝校长和闫校长都说到了这一点，刚才吴立军老师也谈到了这一点。

但是，同我刚才所说的"强制的发展"相呼应的是，我们很多教师很难做到自主地制订并且实施最适合于自己的专业发展计划，因为他不得不面对与应付教育行政部门和学校对于教师专业发展的行政性的以及一些准行政性、类行政性的计划安排。我们知道，随着大陆对于教师发展的重要性的日益认识，随着师资队伍建设的经费不断增加，这种行政安排、准行政安排、类行政安排性质的教师专业发展活动也越来越多。但就我所知道的情况来看，许多专业发展活动并不适合于教师，并不适合于教师的现阶段的专业发展。

而真正麻烦的问题在哪里呢？真正麻烦的问题，并不在于行政部门或学校要安排这样的专业发展活动，而是在于当这些行政安排的、有组织的教师专业发展活动成为一种制度化、成为常态化之后，教师渐渐地也就容易在实际上产生一种依从的心理、跟从的心理，我们的教师对于他的专业发展实际上已经不再有他自己的判断。校长越是强势、越是有能耐，在这种情况下，教师越是容易失去自己的判断。正如林校长说的，学校要经常反思。我认为学校的反思中应当包括对于这种现象的反思，我们不能把自己看得太精英。我们的许多教师对于自己的专业发展实际上已经不再有自己的判断、自己的主张、自己的计划、自己的实施,一切都顺乎自然,这里的"自然"是指行政安排的自然。

当然,在不少学校,教师们也确实是自己制订个人的专业发展计划,我也看过不少这样的文本。但是,我总觉得这些专业发展个人计划虽然是教师自己制订的,但却是教师基本上只是根据行政安排的专业发展计划套写出来的,至少套写的色彩很浓。在这个意义上,可以说教师实际上并没有他自己的专业发展计划。准确地说,他没有自己制订出最适合于自己的专业发展计划。如果刚才讲的被动的专业发展带有许多无奈的成分的话,这种"跟从的专业发展"就带有悲剧的色彩了,因为在资深专业发展问题上,他已经丢失了自己。

所以,在计划的制订和实施方面,我们大陆许多教师的专业发展也需要转型,这就是从"依赖性的专业发展"转变为"独立性的专业发展"。我们强调独立性。

在今天的大陆,尤其需要强调独立性。强调独立性并不是说要拒绝来自于外界的任何的启发、帮助乃至指导,不是这个意思,而是强调教师本人应当最清楚他自身的现实状况、他的努力方向、他的可能目标以及有效途径,他必须清楚地知道。他也许一开始并不怎么清楚知道,但他必须尽早清楚知道。教师应当成为制订并实施自身专业发展计划的主心骨,应当是"我的发展我做主",而不是"我的发展你做主""我的发展他做主"。这一点同接受来自外界的启发、帮助乃至指导并不矛盾。

我们知道现在流行一个概念,前面是哪位校长提到了,好像杨院长也说了,就是"教师领导力"。问题是:领导什么?我认为,这当中首先包括教师对于他自身专业发展的领导,是他对于自己的领导。如果教师真的需要有什么领导力的话,那么首先应当是对于自身专业发展的领导。教师自身专业发展的领导不是教育行政部门,也不是学校。我这个观点也许同在座的一些老师不一样,因为昨天参会的几大名校的校长都走了,如果他们今天在这里的话,也许会跟我有争执,反正我是持这个观点。在这一点上,教育行政部门和学校切不可自作多情。

这样来看的话,大陆目前在教师专业发展方面自作多情的现象是不是比较普遍?教育行政部门和学校,尤其是学校的职责,要创造条件,促使教师实行对于他自身专业发展的领导,就让他当领导。这个"让"字也表示了一种无奈,校长如果不"让",教师肯定也当不成,但是我们校长的职责就是要"让",就是要创造条件,"让"他成为他自己的领导,如果不是这样,永远没有希望。所以,这就决定了教育行政部门与学校的又一个基本的指导方针,就是"使教师成为他自身专业发展的领导"。

> **教师成为领导**
> 依赖心理 → 独立意识
> 安排的发展 → 自主的发展

过程:自省的发展

第三个问题是"过程"。在教师专业发展的过程方面,要害的问题,不是说这个过程可以分为几个阶段,先进行哪个阶段后进行哪个阶段等等,不是这个意思,不是讲的前后顺序。我所说的过程,它的要害在于我们的教师专业发展过程是不是具有一种文化品质,也就是自省、反思这样一种文化品质。也就是说,从过程来看,教师的专业发展应当是一种"自省的发展""反思的发展"。

昨天上午,台湾林校长的发言中几次提到伙伴社群的问题,这个同自省的、反思的发展就有很大的关联。其实我想,自省、反思本来就是当今时代对于我们教师的一个基本要求,即所谓"反思型教师"。反思就意味着不要盲目相信文本,而要从实际出发;不要盲目相信领导,领导是靠不住的,要从真理出发;不要盲目相信权威,要从事实出发;更重要的是,不要盲目地相信自己,要从科学出发。所有这些都说明了一点,是什么呢——要有理性。也就是说,教师在专业发展的整个过程中,都应当有清醒的头脑、冷静的态度和稳健的风格,意味着教师应根据自己的状况和可能,对于他自己的专业发展的方向、目标、途径、步骤等等,要不断地进行审视、质疑、分析、调整乃至重构。

之所以提出这个问题,是因为我觉得在我们中国大陆,一件事情一旦蓬蓬勃勃、普普遍遍地开展起来,成为一种浪潮之后,它马上就会不知不觉地带上一种运动的色彩,在相当程度上成为一种运动,带有感性的成分,带有许多感性的成分。这话怎么讲呢?看看在教师专业发展方面上上下下的行动就清楚了。我们可以看到,教育行政部门是义无反顾地推行教师专业发展计划,以至于这些计划本身不容置疑;学校管理层是不遗余力地组织教师专业发展活动,以至于这个活动本身不容异议。教师本人呢？他们或者是别无选择地加入到或者是满腔热情地投入到专业发展的活动当中去。这当中自然是别无选择者居多,满腔热情者居少。而即便是别无选择地加入,也是一种感性。

结果,教师的专业发展过程基本就成了按照既定的发展路线和发展方式,直线式推进的一种机械的运动过程,就成了我们大陆有首歌所唱的"妹妹你大胆地往前走,莫回头"这样鲁莽而又教条的一种过程。（笑声）我们如果理性地分析一下,就会发现确实具有这样一种行动特征。这就是我这里讲的"感性"。由于这样的感性实际上支配着教师的专业发展过程,由于实际上缺少足够的理性,所以,教师的专业发展也就很难展现出教师个人的批判意识与建构能力,很难体现出教师个人的思想力量与智慧光芒。

所以,在文化品质的意义上,在过程的文化品质的意义上,我们说大陆教师的专业发展在总体上也需要转型,也就是从"感性的专业发展"变为"理性的专业发展"。这就意味着我们的教育行政部门和学校的教师专业发展工作,需要确立又一个基本方针,也就是"使教师成为他自身专业发展的智者"。热情是需要的,也可以奔放的,但不能无边。

> **教师成为智者**
> 感性决断 → 理性选择
> 教条的发展 → 自省的发展

特色：自由的发展

最后一个问题是"特色"。当今时代不光是一个强调实力、比拼实力的时代,也是一个关注特色、展现特色,甚至在许多情况下不得不靠特色来生存和发展的时代。学校教育尤其如此,教师专业发展也是同样的道理。

我们可以稍微比较一下"实力"和"特色"这两个概念。实力讲的是什么？是"强"。特色呢？讲的是"酷"。我们说任何一个教师他都不敢保证、也不能保证自己的专业发展比其他所有教师都强,他不能保证自己的所有方面都比其他教师"强"。但是,任何一个教师都有可能使自己的专业发展,或者自己的专业发展在某些方面比其他教师"酷",体现出自己的特色,展示自己的酷。这里的道理很简单,因为我们每个人都是独特的人。包括台湾的学者和大陆的老师,这两天都反复谈到这一点。我们每个人都有着具有自身特点的潜能,关于这一点,美国加德纳的多元智能理论已经充分地阐明了这一点。

我们每个人都有着具有自身特点的生活史、学习史、工作史。只要把我们的潜能充分地发挥出来,把我们的生活史、学习史、工作史有效地利用起来,我们每一个教师的专业发展一定会有自己的独到之处,一定会与众不同。我们每一个教师的专业发展都不一定很强,十个指头伸出来还有长短呢,我们这里谈名师、谈特级教师,究竟有几个?比例究竟有多大?对不对?不可能十个手指伸出来都一样长短。但是,我们却可能做得很"酷"。就像昨天的沙龙主持人薛校长所讲的那样,人人都是自己的唯一,没有任何人可以替代你。这就是我们每一个教师在专业发展上面都可能有所作为的本钱所在,也是我们每一个教师即便在激烈的竞争环境中也能寻觅到对自己而言最有价值的专业发展空间的一种依据。一个是你有独特的潜能,你跟别人不一样,还有一个是你有自己的独特的生活,这两者决定了你完全有可能区别于他人。在专业发展上,你不一定比别人强,按照现在的评价尺度来讲,你不一定强于别人。但是,你有自己的特点,你可以展示出你的"酷"。

如果这样来衡量,我们说教师的专业发展它应当是每个教师的"自由的发展""独特的发展"。所以,昨天上午的沙龙主持人薛法根他冒出来的词很多,他是高调地呼喊着这一点:自由。(笑声)而我想进一步强调的是,只有这种自由的独特的专业发展,才有可能使我们每个教师充满自信,不卑不亢而又有滋有味地生存在这个竞争激烈的世界当中。

但是实际状况怎么样呢?仍然非常遗憾。我们对于教师专业发展状况的评价,往往是太偏好于按照某种统一的、多半是量化的标准,来进行所谓水平高低的评价。所以,这里为什么会有这么多的位阶、那么多的等级、那么多的层次呢?我们很少根据教师的个人基础,潜能发挥状况以及与众不同之处,来进行质性的评价、特色的评价、继续发展可能性的评估,我们很少进行这些评价。我们至少在客观上常常在鼓励乃至强化整齐划一的教师专业发展,我们常常在助推批量化生产教师专业发展的标准件，我们其实经常是这样。

在这样的状况当中，教师专业发展就不可能形成百花齐放的局面，不可能呈现丰富多彩的样态，更不可能达到和而不同的效果。我想强调的是在这样的状况当中，即便有些教师、少数教师按照现行评价标准来衡量，他的专业发展水平比较高，甚至很高，我也认为只是一种庸常的发展，多半仍然是庸常的发展。这话怎么讲呢？你会觉得他们很优秀啊。但我想说的是，他们实际上也还是按照某种给定的模子脱出来的，他们并没有充分地体现出自己的自由与独特，没有。你把许多的枷锁去掉，然后你再看看他的潜能发挥出来之后他会怎么样，跟现在肯定不一样。即便他是特级教师，即便他展现了生龙活虎，即便他展现了如此这般的样态，但他还是带着镣铐跳舞跳出来的，你把镣铐去掉以后再试试看。当然，我这里讲去掉镣铐，不是说不需要规则、不需要规范，不是这个意思。至于按照现行评价标准来衡量，属于专业水平、发展水平较低的那些教师，就不仅无从实现自由而又独特的发展，而且容易感到郁闷，容易觉得沮丧，甚至容易产生自卑。

因此，大陆教师的专业发展，应当从实际上的"趋同"转变为事实上的"多样"。关于这一点，实际上我们已经取得了某种共识，已经有了共鸣，这两天不是经常涉及这个话题吗？只有多样化的教师专业发展，才有可能让每个教师活得有尊严、活得有生机、活得有味道，从而体验到快乐、成功与幸福。要不然，教师专业发展这样一件本来意义上的好事，可能反而会产生负面效应。为什么这么说呢？因为这个负面效应就是规限教师的自由、阻抑教师的潜能、消磨教师的个性、去除教师的特点，甚至最终损害教师的尊严。我们的教师专业发展肯定不应当出现这样的负面效应，我们能够否认我们完全没有这样的负面效应吗？

> **教师成为自己**
> 流于趋同 → 形成多样
> 划一的发展 → 自由的发展

所以，从特色的角度来看，大陆教育行政部门和学校的又一个基本工作方针，就是"让教师成为他自身专业发展中的自己"。

教师专业发展转型的条件

那么究竟如何才能使教师成为自身专业发展的动力、领导、智者以及自己呢？这更多的是实践问题，而不是理论问题。各位老师都是实践专家，我在这里没有资格说三道四，我只能标题性地谈一下我的观点。

我觉得这里涉及一个条件问题。我认为，要想使教师成为他自身专业发展的动力，要做到这一点，就需要不断激励教师，唤起教师对于儿童和民族的热爱。尽管这很难，但要是做不到这一点，就休想使他产生对于专业发展的内在的需要和欲望。要想使教师成为他自身专业发展的领导，就需要给予教师以充分的信任，使教师充满自信。这里不排除、不反对对于教师的特定阶段的引导、帮助和启发等等。但是，你要充分地信任他，要不然你就会拉着他搀着他走，一直也放不了手。这一点和昨天××校长所说的提供平台、提供舞台的观点我觉得是相通的。要想使教师成为他自身专业发展的智者，就需要促进教师之间的日常而又有深度的交流，使教师富有理智；要想使教师成为他自身专业发展中的自己，成为独特的我，就需要像昨天上午××校长说的，应当有一种宽容的氛围，使教师去寻求与众不同。

所以，使教师成为他自身专业发展中的动力，使得这种发展成为一种自觉的发展；使教师成为他自身专业发展中的领导，使得这种发展成为一种自主的发展；使教师成为他自身专业发展中的智者，使得这种发展成为一种自省的发展；使教师成为他自身专业发展中的自己，使得这种发展成为一种自由的发展——把这四点归纳起来，我是不是可以提出大陆教师专业发展工作的一个总的指导方针和一个总的促进目标。这个总的指导方针就是"使教师成为他自身专业发展的主人"。我觉得在这一点上，琅琊路小学做得相对来说是比较好的。其实，琅小的"做主人"这个理念不光体现在学生的学习上、生活上，也体现在教师的成长与发展上。说"使"或者"让"都行，当然，"使"和"让"都还有一点你的东西捏在我手里，我让你你才可以，我使你你才行的味道。但是没有办法，我们现在自己创造环境，我说的"使"和"让"就是创造条件，让教师成为他自身专业发展的主人。但我们现在是这样的吗？我们现在普遍地是这样的吗？

动力也好、领导也好、智者也好、自己也好，都是主人的不同状态，都属于主人的范畴。教师只有成为自身专业发展的主人，教师专业发展才能成为一种"解放的发展"。"解放教师"，这也是喊了多少年的口号，昨天沙龙里面薛法根老师也是再次呼喊，我相信是有共鸣的。因为自觉也好，自主也好，自省也好，自由也好，都既是教师解放的条件，也是教师获得解放的标志。（见表1）

表1 教师：自身专业发展的主人

	动力	计划	过程	特色
理想	自觉的发展（主动发展）	自主的发展（合适发展）	自省的发展（反思发展）	自由的发展（独特发展）
方针	教师成为动力	教师成为领导	教师成为智者	教师成为自己
条件	激励　热爱	信任　自信	交流　理智	宽容　求异

教师专业发展：解放的发展

正是这种解放，我借用一下昨天××校长在发言中所说的，对于教师来讲，其实有着比教师专业发展本身更为重要的东西。为什么更为重要？因为我理解，它是和教师的尊严、和教师的价值、和教师的快乐、和教师的幸福紧紧联系在一起的。就专业发展谈专业发展，我认为没有太大意思，与我们人的快乐和幸福其实没有太大关系。只有通向人的快乐、人的幸福，通向了人的价值、人的尊严，它才真的有意义。

这样来看，我们实际上是已经跳出专业发展来看专业发展，我们看到的不仅仅是教师，我们看到的是"作为人的教师"和"作为教师的人"。只有当教师真正成了自身专业发展的主人，只有当教师专业发展真正成了一种解放的发展，我们说教师的专业发展作为一种浪潮才有可能此起彼伏，后浪前浪奔腾不息。我不反对浪潮，大海的浪潮它没有息过。问题在于，在中国大陆，浪潮经常是一会来一会走，它像个运动似的，搞完了就没了，就搞么一会儿，对不对？教师专业发展作为一个百花园才有可能千姿百态、争奇斗艳、万紫千红，这样的教师专业发展不仅是教师个人的福音，也是学习与教育行政部门的福音，当然，更是儿童的福音、民族的福音。

好，我想讲的就是这些。最后，我想强调几点，或说明几点。第一点要说明的，也是要再次说明的就是，我强调教师要做自身专业发展的主人，或者说教育行政部门和学校要使教师或者要让教师做自身专业发展的主人。我没有反对、没有排斥规范和规则，不是说不要任何的规范、规则等等。教师需要帮助，需要外界的帮助，需要外在的启发乃至于引导。在这个问题上，学校也是有不可推卸的责任的。不过，我今天是就大陆的状况来说的，我强调的是"主人"。这是首先要说明的。

第二点要说明的，我今天这里讲大陆教师的专业发展，我所关注的是事实状况，而不是表面现象；所针对的是总体状况，而不是局部现象。就局部现象来说，我觉得至少昨天参加校长沙龙的那些校长所在的学校，他们的教师专业发展状况是良好的，尤其是琅小。（鼓掌）这些学校的成绩是斐然的，但是你们代表不了大陆整体，肯定代表不了，你想代表也不行。而且我相信，即便在你们的学校当中，教师的专业发展恐怕也未必尽如人意，可能还是存在这样或那样的问题，有过这样或那样的教训。我真的很期盼，今后如果再有这样的校长沙龙的话，不光是分享经验，也要分享教训。因为这几所学校——如果今天这几所学校的校长在的话，我也会讲——给人的感觉就是一路凯歌走过来的，一路经验总结过来的。哪有这样的事情？其实，把你的教训讲出来，跟我们分享一下，可能会使我们获得更多，对其他人会有更多的启发。

第三点想要说明的是，假如我也想把今天讲的内容成个文弄到什么地方发表的话，我一定会提到其他许多校长昨天讲的一些东西。我们都是独立思考过的，我一方面很沮丧，另一方面也很高兴。为什么很沮丧呢？因为我要讲的，他们这几天实际上都讲过了，而且我还不能说"英雄所见略同"。对不对？为什么也高兴呢？因为在这些问题上，大家实际上是有共识的。不管承认也好，不承认也好，我认为大陆基础教育界，至少是基础教育界，教师专业发展必须实行转型。你们信不信？不管你们信不信，反正我信。（笑声，掌声）

育人：育什么人

（2015年8月29日，常熟）

老师们：

我们今天正处在一个"本本"的时代。我们动不动就喜欢讲"以××为本"——国家要以民生为本、政府要以服务为本、产品要以质量为本、做人要以诚信为本，等等。这样来看，我们的教育似乎也要以一个什么为本才好。

教育以育人为本

教育以什么为本呢？在许多人看来，这好像是一个多余的问题，因为我们似乎早就有了一个关于教育应当以什么为本的不容置疑的口号——"以生为本"，也就是"以学生为本"。"以生为本"这四个字非常简洁，但也正因为它很简洁，所以我们得特别地小心。为什么呢？因为学生作为人来讲——今天幼儿园老师不在，其实幼儿也是一样，成人也一样——他一定是双重性的存在。学生一定是善性与恶性同时并存的，一定是天使的萌芽和魔鬼的种子都根植于心中的——我们成人当然也一样——只不过两者的程度有所不同而已。说人性本善,这没有错。每个人,哪怕是大坏蛋,在他的心灵深处总还是有那么一点恻隐之心的。只不过由于各种各样的原因,有些人的善性需要有相当的条件才能显现出来。但人性不仅仅是善的,它还有恶的一面。哪怕是英雄人物,哪怕是伟大人物,在他的心灵底部,都有非善之念。只不过由于各种各样的原因,我们说有些人的恶性被控制住了,被遮蔽了,被埋藏在他心灵的底部。我也一样,我不相信其他人跟我就不一样。我们一定要把这些事实搞清楚。

我今天讲的内容老师们可能不一定会感到很舒服,我今天无论如何只是汇报,只是想和老师们进行一些探讨。我希望我能说一些不同的话,然后进行一些反思,这样也许我们能前进得更多。

我想说的是,如果无条件地讲"以生为本",以每一个学生、每一个儿童的需要为本——有句话就叫作"以每一个儿童的需要为本"——这不是教育的逻辑,肯定不是教育的逻辑。教育不能无条件地以学生的需要为本,或者说不能简单地讲以学生的需要为本。学生可能总有一些不正当的需要吧,你总不能说我们的教育也得满足学生的那些不正当的需要吧?学生的有些兴趣可能会伤害到其他人的利益吧?你总不能说,"没关系,只要学生感兴趣,只要学生快乐,我们就给他提供条件"吧?你会这样说吗?我想你不会的。也就是说,以生为本这四个字虽然非常简洁,但其实并不那么简单,它其实是有预设条件的。

我曾经写过一篇随笔,篇幅不长,开头是一小段调侃的文字,这里不妨拿来念一念,我说——

日常生活中的许多说法都很有一些问题。比方说"打扫卫生",这卫生怎么好打扫呢?该打扫的只能是垃圾。又比方说,见面打招呼,明明认为对方坏透了,恨不得唾他一口,或者咬他一口,但嘴上却非要对他说"你好",这不是言不由衷吗?再比方说逢年过节,每每要祝别人"心想事成",这算哪门子祝愿呢?难道别人想偷鸡摸狗、贪污受贿、赌博嫖娼,你也希望他顺顺当当不成?

虽然是调侃，但这里面的逻辑可以适用于我们对于包括以生为本在内的一些口号和说法的分析。

因此，教育不是简单地以生为本。以生为本其实是一种简略的说法，它的完整的表达应当是"以学生健康发展为本"。请注意，这里的"学生健康发展"和"学生需要"是两个概念。我刚才讲了，学生的需要有各种各样的，但学生的健康发展只有一样，它是从教育的理念出发的，是从教育的要求出发的，是从社会对它的正当期待出发的，但学生的需要并不全是这样。只有学生的健康发展，它所体现的才是教育的要求。

所以，如果我们一定要简略而又准确地来表达的话，那么与其说以生为本，不如说"育人为本"。你们石梅小学大门口墙上的那几个字我觉得讲得非常好——"以人育人"，而不是简单地讲以生为本。所以，以生为本的含义常常是被不恰当地拓展了，如果以生为本被理解为以学生的一切需要为本，那不是开玩笑吗！那要学校干什么呢？要教师干什么呢？

所以，教育确实是应当"以育人为本"。教育之所以区别于政治、区别于经济、区别于其他的文化活动和社会活动，就因为它是以育人为根本目的的，它是以育人为中心任务的，它是以育人为首要标准的。大家看，目的啦、任务啦、标准啦，这些本来都是不一样的，但是你只要讲它是"根本"目的，你只要讲它是"中心"任务，你只要讲它是"首要"标准，实际上就是一回事了，因为它们讲的都是教育的魂灵。

换个角度来讲，我们说育人既是教育的出发点，又是教育的聚焦点，也是教育的归属点。三点汇聚在一起，我们就可以说，归根到底育人是教育的"原点"。原点它就不是一个狭窄的空间概念，而是一个 360°的概念。什么意思呢？出发点，我们从这里起航；聚焦点，我们时时回望这里；归属点，我们最终回到这里。这不是 360°吗？

如果一种教育真的能让我们心服口服地承认它确实取得了成功的话，那它一定是坚守了育人这样一个原点，就像石梅小学这样，它一定是在育人方面很有心得，它硕果累累，这是肯定的。如果一种教育失败了，或者说很不成功，你分析到最后一定会发现，它首先需要反思的就是它自觉地不自觉地——请

育人：育什么人

注意,这个词我今天可能会经常、反复地使用——偏离了育人这样一个原点。或者说,明明知道教育的原点在于育人,却故意地违背教育的规律,故意地违反教育的常识,那它肯定要失败。

我有一个看法,现在的中国是一个人们普遍地明知故犯的时代,我们正处在这样一个时代。现在和半个多世纪以前的"大跃进"、和四十年前的"文化大革命"不一样。那个时候,"大跃进"的年代,我们说它很愚蠢;"文化大革命",我们说它很野蛮。但是说实话,当时的许多人是不辨是非的,他们是很浅层的,他认为那样就是对的,哪怕他自己被批斗、被改造、被打成右派分子,他还觉得是因为自己什么地方做错了,是因为没有按照党的要求去做的缘故。"文化大革命",小学生就上街游行,小学生就刷标语,小学生就在老师的胸前挂个黑板,我当时是初中生,虽然没干过挂黑板那种事,但是上街游行过,刷过标语,我很浅层的,我觉得那样做就是对的。但现在不是那种情况了,现在你说我们有多少人不知道他正在做的事情是不对的？但是,我们明知故犯。教育方面也是这样,我们明明知道这样做是违背教育规律的,但我们做了；我们明明知道这样做是违反教育常识的,但我们做了；我们明明知道这样做是违反儿童天性的,但我们做了。所以,这是很可怕的事,明知故犯的年代是可怕的年代。

回到正题上来,我们说育人是教育的原点,那么问题也就产生了："育人"这个概念,这个我们一天到晚挂在嘴边的"育人"这个概念中的"人",究竟是什么意思？到底是什么样的人？这也是我今天要向老师们汇报的题目——育人：育什么人？

是培养共产主义接班人吗？我们现在的少先队队歌里的第一句歌词就是"我们是共产主义接班人"。入队呀、仪式呀,还有其他一些活动啊等等,都要来唱这首歌,刚入队的时候还要宣誓。我是20世纪60年代初加入少先队的,当时当然根本不知道共产主义究竟是什么意思。在当时那个氛围下面,唱这首队歌时倒是有一种莫名其妙的感动,但说到底也还是嘴巴在那里一张一合、一张一合。

说到这里,我们来看一段对话,是十二年前一个刚刚入队的一年级小孩和他父亲的一段对话,这段对话在我送给顾校长的那本书里面有,我给它加了个

67

标题,叫《红领巾是用什么做的》。我把它念一下——

同事的儿子经过努力,终于被老师批准在班上第一批加入少先队。他兴奋极了,因为老师说了,加入少先队是好孩子的标志,全班同学分两批入队,表现好的同学第一批入队。

入队那天,同事的儿子系着红领巾兴冲冲地放学回到家,吃罢晚饭,便开始了一系列提问。

首先问爸爸:"爸爸,什么叫共产主义呀?"

同事反问道:"你是从哪儿知道这个词的?"

儿子说:"是老师告诉我们的。"

同事再问:"老师是怎么告诉你们的?"

儿子答道:"老师今天下午发红领巾时对我们说:'从现在起,你们就是光荣的少先队员了,就是共产主义的接班人了,这鲜艳的红领巾是用革命先烈的鲜血染成的,要像爱护自己的眼睛一样爱护红领巾。'"

同事又问:"老师没有告诉你们什么叫共产主义吗?"

儿子说:"没有。老师就说了这几句话,然后就叫我们打扫卫生了。"(笑声)

于是,同事说:"好吧。爸爸来告诉你。共产主义嘛,是一种社会,是没有人压迫人、人剥削人的现象,所有人都平等的社会。"

儿子问:"那什么叫社会呀?"

同事继续解释道:"社会嘛,许许多多的人结合在一起就叫社会。"

儿子又问:"那什么叫剥削呀?"

同事伸出大拇指夸奖道:"问得好!剥削嘛,就是自己不劳动,靠别人来养活!"

儿子接着问:"我也不劳动呀,靠爸爸妈妈来养活呀,我是剥削你们吗?"

同事扑哧一声笑了:"这不叫剥削。你是爸爸妈妈的小宝贝,爸爸妈妈爱你!"

儿子接着又问:"那张阿姨(同事家的钟点工)每天为我们家烧饭、洗衣服,还打扫卫生,我们家是不是在剥削她呀?"

同事笑得更厉害了:"傻孩子!我们是要付钱给张阿姨的,怎么会是剥削她呢?我们和张阿姨是平等的。"

儿子说:"那我们明天也到张阿姨家帮她烧饭、洗衣服、打扫卫生吧。"

同事有点哭笑不得了:"那怎么行呢?爸爸妈妈是教师,是要给学生上课的;你是学生,你的任务就是学习,做个好孩子;张阿姨是钟点工,烧饭、洗衣服、打扫卫生是她的工作。"

儿子还是不明白:"那我们可不可以和张阿姨换一下呀?让张阿姨去上课,我们去烧饭、洗衣、打扫卫生。"(笑声)

同事变得一脸的严肃:"那不好换的。"

儿子问:"为什么呢?"

同事开始有点不耐烦了:"没有什么为什么!你和你们老师能换过来吗?老师做你的学生,你做她的老师?"

儿子小嘴一撇:"我想换!我想换!我想当老师!"

同事有点不解了:"为什么?"

儿子说:"这样我就可以训老师了呀。老师训我,我也训她,(笑声)这算不算平等呀?"

同事终于不高兴了:"好啦,别胡搅蛮缠啦!"

儿子却问兴正浓:"爸爸,共产主义哪一天来呀?"

同事决定撤退了:"不知道!早着呢!"(笑声)

儿子说:"可我想它快点来。我想平等,我想当老师。行吗?"

同事只好一推了之:"行不行,问你们老师去。"(笑声)

同事只顾进自己的书房备课去了,可同事儿子的提问还没有完。据同事讲,他这儿子平时总是喜欢打破砂锅问到底的。问不成爸爸,儿子便去问妈妈。

儿子问:"妈妈,什么叫接班人呀?"

同事妻答道:"接班人呐,就是接着往下干的人。(笑声)比方说,你们学校现在的校长将来老了,不当校长了,换了个新校长,那个新校长就是现在的校长的接班人。"

儿子又问:"那共产主义接班人呢?"

同事妻说:"共产主义的接班人呐,就是接着干共产主义事业的人呗。"(笑声)

儿子又问:"那你和爸爸也当过共产主义接班人吗?"(笑声)

同事妻稍稍迟疑了一下,说:"当过呀。"

儿子再问:"现在还当吗?"

这回轮到同事妻扑哧一声笑了:"傻孩子!不当了,我和你爸爸已经是大人了。"(笑声)

儿子接着又问:"爷爷奶奶也当过共产主义接班人吗?"

同事妻笑得更厉害了:"可能也当过吧。要不,下次见到爷爷奶奶时你问问他们。"

儿子继续问道:"那爷爷奶奶的爸爸妈妈呢?他们也当过吗?"

同事妻笑得有点直不起腰来了:"没有。那时还没有少先队,没有红领巾。"

儿子忽然像想起什么似的:"对了,妈妈,老师还说红领巾是用革命先烈们的鲜血染成的。什么叫革命先烈呀?"

同事妻疼爱地看了儿子一眼,说:"宝贝,问这么多干吗呢?革命先烈呐,就是那些为了光荣的事而牺牲了的人。"

儿子问:"那什么叫牺牲呀?"

同事妻答道:"牺牲就是死的意思,为了光荣的事情而死去叫牺牲。"

儿子又问:"红领巾真的是用他们的鲜血染成的吗?(笑声)那要多少鲜血呀?(笑声)他们的鲜血也是到医院里用针筒抽出来的吗?"(笑声)

同事妻有点招架不住了:"什么呀!这是比喻,不是真的。"

儿子终于停止追问了,说:"我知道了,红领巾不是用革命先烈的鲜血染成的,它就是一块红布做的。"(笑声)

同事赶紧阻止道:"瞎说些什么呀!到了学校可不许这么说!"(笑声)

儿子很委屈地一撇小嘴:"我没有瞎说呀!是你刚才说不是真的嘛!"

同事妻终于不耐烦了:"去!去!去!时间不早了,赶快做作业吧。"

育人：育什么人

看完这段对话，大家还觉得"育人"这个概念当中的"人"是共产主义接班人吗？至少我说不清楚，问题是少先队队歌里的第一句歌词就是这么说的。

接下来我们可以再来看看我们的《教育法》里是怎么规定的。《教育法》第五条说，教育应当"培养（学生）……"，最后是成为"社会主义事业的建设者和接班人"。那么，"育人"这个概念当中的"人"是社会主义事业的建设者和接班人吗？

这里有两个问题需要来理解一下：第一，建设者和接班人是不是一回事？如果实际上是一回事，干吗要分成两个概念呢？你就说培养社会主义建设者不行吗？或者，你就说培养社会主义接班人不行吗？那是不是意味着培养出来的社会主义接班人他不一定是建设者呢？或者培养出来的社会主义建设者他不一定是接班人呢？这两者之间有没有区别？第二，即便社会主义接班人和建设者是一回事，那么我们也可以问一下，究竟什么样的人可以充当社会主义建设者和接班人呢？我们培养的学生毕业之后进入社会，他可能成了小餐馆的服务员，也可能当了环保所的清洁工，生活在社会的底层，你说他是不是社会主义事业的建设者和接班人呢？我们的学生将来也可能成了马云，成了马化腾，成了资本家、大资本家，尽管是非常爱国的资本家，当然人们现在把他们称作企业家、大企业家，你说他们是不是社会主义事业的建设者和接班人呢？这好像以我的水平是很难说得清的。

各位老师，前面讲的都是开场白。××校长让我来谈育人的问题，我想这些说不清的事情我就不说了，我只说我在眼下这个时间点上我觉得自己想得比较清楚了、能够相对说得清楚的问题。

我觉得，我们一天到晚挂在嘴边的"育人"这个概念当中的"人"，是"人之为人的人"，是"大写的人"，是"真正的人"。培养这样的人（我刚才讲到了）才是教育的根本目的，才是教育的中心任务，才是教育的首要标准，才是教育应当具有的一种魂灵。也就是说，我们不管前天讲的是培养共产主义接班人，昨天讲的是培养社会主义接班人，今天也许讲的是培养中国梦的"造梦人""圆梦人"，明天可能还会讲培养其他什么人，但是，教育的唯一可以称得

> "育人"的"人"
> 人之为人的人
> 大写的人
> 真正的人

上是真正神圣的使命,是培养人之为人的人、培养大写的人、培养真正的人。这一点实际上在石梅小学的教育实践中已经非常鲜明地体现了出来,非常鲜明。不管在哪个时代,我们石梅小学培养出的人应该就是我这里所说的"人"。

我相信,关于人之为人的人、大写的人、真正的人,迄今为止也不知道有多少人讲过了,或者讲过类似的话。而且,许多人都讲得很有激情,比我要有激情得多,甚至可能还会比较煽情。但是我想,教育虽然确实需要有激情,甚至也需要有一定的煽情,谁让教育是一种理想的事业呢?但是,教育同样需要理智、需要反思、需要逻辑、需要脚踏大地。我们不仅需要慷慨激昂地主张、满腔深情地呼喊教育要培养的人是人之为人的人、大写的人、真正的人,而且有必要静下心来仔细思考一下,所谓人之为人的人、大写的人、真正的人究竟有着什么样的意涵?

我理解,教育要培养的"人",也就是"育人"这个概念中的"人"是不是有这么几层含义。

"育人"这个概念中的"人"的第一层含义应当是"真人"。

真人可以说是再普通不过的一个概念了,但是在我们今天这样一个消费化、娱乐化的时代里,真人这个词本身就可以用来赚钱。我们不是有什么"真人秀"吗?在真人秀那种节目里登台表演的那些人,你说他们真到什么程度?我说他们假得不能再假了。没有钱,他们会上这个节目?我就不信。

纯真之人

作为育人的一个目标,同时也作为育人的一个成果,真人在我看来首先是"纯真之人"。纯真之人他心里怎么想,嘴上就怎么说;嘴上怎么说,行动上就怎么干。他是坦坦荡荡,他是阳阳光光。

按理说——我们只能是按理说——儿童原本就是纯真之人,不是有童言无忌这一说法吗?但是请注意,"学生"这个概念和"儿童"这个概念还是有区别的,区别就在童言无忌的这个"忌"字上。儿童在家里面或许没有忌,尤其是在我们这个社会的家庭中。但是在学校,只要他进了学校,成了学生,其实就已经不是纯纯粹粹的儿童了,真的不是纯纯粹粹的儿童了,不管在多大程度上都不能再是纯纯粹粹的儿童了,他已经不能再是什么都不管不顾的儿童了。虽说小学一年级学生和大学生是有区别的,但是童言无忌已经不能在纯粹的意义上来说了,他的所言所行必须符合教育的要求,不管这个要求有多粗,有多柔,要求总是存在的。一,他不能违反法律;二,他不能违反道德;三,他说话办事不能不相对地、适当地顾及对方的感受。如果没有这三"不",那学生还是待在家里好了,他还是做他的儿童好了,他到学校来干吗呢?学校有多种任务,其中一个任务就是给他"忌"。至于怎么给他"忌",那是另外一回事。教育不可能无忌。

不过,这不是我这里想讲的重点,我想讲的重点恰恰是要反过来。我说学生在学校里面,只要他一不违反法律,二不违反道德,三他适当地顾及对方的感受,那么,他就什么都可以说,什么都可以做。我强调的是这一点。学生不需要有太多的藏着、掖着,不可以装假、不可以假装、不可以伪装、不可以包装。学校不是电视台,教育活动不是真人秀。这是第一点,说的是真人的第一层含义,也就是纯真之人。

求真之人

真人还应当是"求真之人"。可能在许多人看来,求真之人也是一个非常简单、十分平常的一个词。不过,在我看来,求真之人在我下面讲的三种兴趣当中至少应当有一种兴趣。

第一,求真之人对"探究自然现象的奥秘"感兴趣。为什么向日葵总是要朝向太阳?为什么蚂蚁在下大雨之前成群结队地从洞里跑出来扎堆在路面上?为什么河水是淡的、海水是咸的?他对于自然现象的奥秘有太多的为什么要问,他有探究的兴趣。这是第一种兴趣。

第二,求真之人对"探查社会问题的真相"感兴趣。为什么大医院里面人满为患的现象始终得不到根本改观?为什么这个社会当中人穷的这么穷、富的那么富?为什么有那么多的"老虎"和"苍蝇"?对于社会问题的真相,他有太多的"为什么",他有探查的兴趣。请注意,千万别想偏了,以为我们小学生也要让他们怎么怎么，不是这个意思。我们说整个学校教育都要培养真人，而真人的培养绝不是到了大学以后才开始的，或者到了中学之后才开始的。说实话，从幼儿园就应当开始了，从进入幼儿园的那天起，就应当引导他们保持纯真，执着求真。

第三，求真之人对于"探索人类发展的真理"感兴趣。为什么分散在地球各个不同角落相隔千山万水、联系非常不便的我们人类的祖先都几无例外地经历了石器时代、青铜器时代、铁器时代？为什么古罗马在征服古希腊之后会认同、接受古希腊文化？为什么在中国，蒙古人、满人在征服了中原之后，要认同和接受汉族的文化？为什么历史就整个大势来讲是分久必合合久必分？如果真的是求真之人，他对这些人类发展的真理，或者说规律，或者说真经，就会有太多的为什么，就会有探索的兴趣。

所以，我们的教育要育人，我们的教育要育的不能不是这样的真人，不能不是求真之人，不能不是纯真之人。那么，究竟什么样的教育才能培养出这样的真人来呢？我觉得有五个字，叫"自由的教育"。

自由的教育

为什么要"自由的教育"？因为自由的教育承诺要"归还"，就是把本来属于学生的说话的权利、本来属于学生的行动的权利归还给学生。从某种意义上讲，我们的教育真的是自觉地不自觉地剥夺了学生的许多本来属于他们的权利。教育为什么会失败？教育失败的第一大原因就是剥夺了本来属于学生的权利，你把这个权利还给他试试看，他将是怎样地有活力！他将是怎样的一个活泼的生命！

> 培养"真人"：纯真之人
> ↑　　　　　求真之人
> 自由的教育

当然，我绝不是说现在的小学教育一塌糊涂。其实，我们现在许多一线的教育工作者在这种"归还"方面已经做得很好了，许多老师都意识到了这一点，在努力改变。但是，如果仔细地反思一下，停下来什么都别做，专门反思一下，你就会发现，在我们的思想深处，还是有一种属于"你的自由我做主"的东西顽固存在着。有没有？比方说，有一个字，叫作"让"。我们会不由自主地说，"让

育人：育什么人

学生大胆说话"、"让学生快乐学习"，什么叫让？"让"的意思是说，我是施惠于你的，我是恩赐于你的，它实际上有这个含义在里面。我不让，你就不能大胆说话。对不对？原先你在上课时是不能随便说话的，是不能做小动作的，你的手是必须背在背后的，现在我把规则改了，你有相当的自由了。但规则是我改的，我不改你就玩不转，不是这样吗？我不让，你就不能快乐地学习。也就是说，你的自由我做主，你的快乐我做主。这是不对的，而且是很荒谬的。

就是说，根本的理念不应当是"让"，而应当是"归还"。可以说，什么时候我们去除了"让"的观念，什么时候我们真正形成了"归还"的意识，什么时候我们就掌握了"自由的教育"的一个规律。因为承诺了归还，所以，自由的教育就会护持学生的纯真。

美国有个叫古德莱得（Goodlad，John I.）的学者有本书，估计在座的好多老师，尤其是在像石梅小学这样的学校里的老师应该都看过，书名叫《一个称作学校的地方》。我想套用一下这个书名的句式来说，我们主张，一个称作学校的地方首先应当成为学生学会保持纯真的地方。这个不让说，那个不让讲，你纯真你就是幼稚，你纯真你就是傻帽，那学校不就成了兵营了吗？

也正是因为承诺了"归还"这两个字，所以我们说，自由的教育支持学生求真。我们主张，一个称作学校的地方应当成为学生学会大胆求真的地方。这个不让做，那个不让干，你做你就四处碰壁，你做你就头破血流，那学校就不是学校了，学校就成了监狱。

西方国家在20世纪70年代的时候有一种潮流，就是反思义务教育。我们知道，义务教育从法律上来讲，它是强制性的。儿童到了一定的年龄就得进学校，进了学校被分到哪个班级、哪个老师来教，这都是学校规定好了的，学生自己完全不能选择。没有选择也就算了，学校里还有太多束缚学生自由的种种规矩。因此，西方的一些学者就把义务教育阶段的学校比作是监狱，然后呢，把教师比作是看守，学生就比作了囚犯，认为全都异化了。

所以我们说，真正有品质的教育，真正品质优良的教育不能不是自由的教育。可是，我们敢说我们现在的教育确实是自由的教育吗？我们的教育本身有没有常常自觉地不自觉地在口是心非，言行不一？在我们的头脑中，会不会自觉地不自觉地还有这样那样的担忧,阻止我们鼓励学生大胆地思想、大胆地说话?我们的教育有没有常常自觉地不自觉地在回避真相、远离真理?在我们的头脑中,会不会还有这样那样的禁忌、太多的禁忌,阻碍我们支持学生去探明真相、探求真理?我觉得,这些问题确实需要我们去细心检视。

我们再来看一篇文章,还是刚才那本书里的,也是一场真实的对话,是八年前一对父子之间的一段对话。我念一下——

儿子在读小学五年级,天生有点叛逆,凡是课表中列出的科目,什么语数外、音体美等等,一概敷衍了事,从不期盼上游,甚至也不力争中游,还美其名曰"做人要厚道,总得有垫底的"。而对课表之外的领域都很喜欢,诸如天文、地理、生物、科幻、战争、网络等等,书买了一本又一本,不分饭前饭后、考前考后地看,看完了就逼着我再买,也不管书价贵贱,理由是"全面发展要舍得花本钱"。大概是受了这个讲坛、那个讲堂的影响,最近一个时期又开始迷上了历史人物,各种真真假假的故事、传记、讲述等等,看得天昏地暗。先是孔孟、老庄各子,然后是秦皇汉武、唐宗宋祖、洪武康熙各帝,接下来是孙中山、袁世凯、蒋介石,一路"横扫"过来,终于轮到了毛泽东,并终于让我这个在"毛泽东时代"成长起来的父亲兼教育工作者感到了前所未有的"知识恐慌"。这种恐慌感缘起于前不久儿子和我的一场问答式对话。

儿子问:"爸爸,为什么说毛泽东是无产阶级革命家?什么叫无产阶级革命家?"

我有点惊诧,小小年纪居然问起这种"大问题"来,便反问道:"你知道什么叫革命家吗?"

儿子说:"知道。"

我说:"那就很简单啦,无产阶级革命家就是为无产阶级谋利益的革命家。"

儿子又问:"那什么叫作无产阶级呢?"

我一时有点语塞,思忖着要不要继续回答,因为我一直是不主张对儿童使用诸如"主义""事业""阶级"之类的"大词"的。不过我又想,既然儿子自己对这些"大词"产生了兴趣,我这个教育工作者与其躲躲闪闪,还不如因势利导,何况儿子已经在催促了:"你知道不知道啊?快说呀!"于是,我清了清嗓子,很认真地对儿子解释道:"无产阶级嘛……比方说吧,新中国成立前的工人,他们没有属于自己的用来生产物品的机器,没有属于自己的用来生产粮食的土地,也没有属于自己的可以挖出煤炭、炼出金属来的矿山,他们什么也没有,只有自己的一双手,靠出卖自己的体力吃饭。他们就是无产阶级。"

儿子瞪大了眼睛问:"他们出卖体力给谁啊?"

我回答道:"给资本家呀!就是资产阶级呀!"

儿子歪着脑袋想了想,接着问:"那农民呢?农民也是无产阶级吗?"

我笑着说:"农民不是无产阶级,因为他们有自己的土地,他们可以在土地上种粮食。"但我马上发现了漏洞,赶快补充道:"不过,有些农民也没有土地,他们叫作佃农,佃农就是无产阶级了。"看到儿子十分专注地倾听的神情,我很为他的求知欲感到高兴,也为自己能给他释疑解惑感到欣慰,心想,这种问题要是问"80后"一代,恐怕回答不出个子丑寅卯来。(不好意思,在座是不是有很多"80后"?)但接下来的问答很快使我的这种感觉消失得一干二净。

儿子把话题拉回到毛泽东身上,问道:"毛泽东是无产阶级革命家,他也是什么都没有吗?"

这是哪儿对哪儿呀!一个五年级的小孩,怎么会在这种问题里钻来钻去的?难怪他的学习成绩总是上不去。不过,我还是耐心地回答道:"毛泽东出生在有自己的土地的农民家庭,他们家并不属于无产阶级,但毛泽东后来成了共产党员,代表了无产阶级。"

儿子满脸狐疑的表情:"他干吗不代表自己家的阶级,而去代表别人家的阶级?"

我心想,坏了!这问题是越问越多,也越问越难了,得赶快刹车了!于是来了个快刀斩乱麻:"因为他同情比他们家贫苦的许多穷人呗。好了好了!今天就问到这里吧。"

可儿子正问在兴头上,一点也没有作罢的意思:"着什么急啊?还没到开饭时间呢!"然后就抛出了一个更缠人的问题:"那现在的那些下岗工人也没有自己的机器呀土地呀什么的,他们也是靠出卖自己的体力吃饭的吗?也是无产阶级吗?"

我有点招架不住了,做出了连自己都觉得不那么对劲的回答:"不是不是!现在已经没有无产阶级了。啊!不对不对!不是没有了,而是现在已经不叫无产阶级了。"

儿子不依不饶,继续往下问:"那叫什么阶级呢?"

是啊!那叫什么阶级呢?还好,我想起了《党章》里开宗明义的一句话——"中国共产党是中国工人阶级的先锋队",便和颜悦色地对儿子说:"傻孩子!就叫工人阶级。"

没想到儿子的眼睛瞪得更大了:"那……那些农民工呢?他们不也是靠出卖自己的体力吃饭的吗?他们也是工人阶级吗?"

我的阵脚开始乱了,也来不及理清头绪了,随口应答道:"他们怎么是工人阶级呢?他们是从农民来的,是农民阶级。"

儿子一脸困惑不解的神情:"既然下岗工人和农民工都靠出卖自己的体力吃饭,都很穷,为什么不都叫穷人阶级呢?干吗要一个叫工人阶级、一个叫农民阶级呢?"

我觉得脑子和嘴巴都已不太听使唤了,只能边战边退了:"工人就是工人,农民就是农民,总得有所区分嘛。好了好了!这下可以结束了吧?再问下去,你的小脑袋瓜也装不下呀。"

哪知道儿子回敬道:"你是江郎才尽了吧?好吧,再问你最后一个问题:我们家是什么阶级?"

天哪!这个问题我可从来没有想过。是啊!我们家属于什么阶级呢?(各位老师,你们属于什么阶级呢?)干脆看看儿子对自己家是怎么进行阶级定位的吧。于是我便反问道:"你说呢?"

儿子很认真地说:"我们家嘛……我们家也没有机器、没有土地,应该算是无产阶级了吧。哦,不对,你刚才不是说现在已经不叫无产阶级而是叫工人阶级了吗?可爸爸妈妈都是教师,不是工人呀,说我们家是工人阶级也不对呀。是不是教师阶级啊?"

育人:育什么人

我突然"醒"过来了:这都不对啊!现在不是已经不怎么用阶级这个概念了嘛!人们不总是在说这个阶层、那个阶层的嘛!对啊!我真傻!干吗不说阶层呢?干吗阶级来阶级去的给自己惹麻烦呢?于是,赶紧对儿子说:"告诉你一个新名词吧,叫阶层。爸爸妈妈都属于教师阶层,除了教师阶层,还有工人阶层、农民阶层等等。"

儿子似乎若有所思,又问:"那不是也可以说穷人阶层、富人阶层吗?"

我犹豫了一下,说:"也可以呀。"

儿子紧接着就问:"那我们家是穷人阶层呢,还是富人阶层呢,还是不穷不富阶层呢?"

这不是哪壶不开提哪壶吗?我已毫无应对之力了,干脆还是反问道:"你说呢?"

儿子歪着脑袋看着我说:"我们家嘛,肯定不是穷人,但也算不上富人,是不穷不富阶层吧。"

我就乐得顺着竿子往上爬了:"回答正确,加10分。"

但儿子却不是个见好就收的主,随后就提出另一问题:"可是,阶层和阶级有什么不同吗?"

我真想回他一句:"你问我,我问谁呀?"但这显然会有损于我在儿子心目中的父亲兼教育工作者的"高大"形象,结果话到嘴边就变了形:"好!这个问题问得好!它看起来简单,其实很复杂,里面的道理深着呢!你好好学习,将来一定会弄明白的。时间不早了,吃饭吧!"

儿子对我所给予的"表扬"和"勉励"显然并不领情,嘴里嘟囔着:"哼!想糊弄我?小样儿!"

我真不知该怎么来形容自己当时的感受,这些天来一直在回味和反思。我为儿子求知求真、敢问敢争的精神感到欣慰。从他身上,不正可以看到下一代的希望么?我也为自己"江郎才尽"、不能很好地为儿子释疑解惑感到惭愧,且一想到我们的学校中每天都有"若干"教师在学生的"挑战性"问题面前黔驴技穷、不懂装懂地糊弄,心里就越发觉得沉甸甸的,尽管信息时代已不再苛求教师成为"万事通爷爷"了,尽管据说教师更重要的任务也已不在于为学生释

79

疑解惑,而是激发他们自己去探究与寻求。

不过,我更为耿耿于怀的是,我们的理论家们还没有生产出一套具有足够解释力的概念和理论,来对当今中国由转型所导致的深刻社会变迁与诸多社会问题做出真正令人信服的理论说明与正确的价值判断。现有的一些概念及理论常常是遮了肚脐露了腚,一旦用来分析社会现实,马上就漏洞百出。学生并不是傻瓜,他们在现实生活中积累着对于社会现象与社会问题的感受。我们就是在这样的社会背景与理论环境中进行教育实践,指导学生认识社会、理解人生、树立理想的。这样的教育实践焉有从不迷惘之理?这样的学生指导焉有绝无困惑之理?我在儿子的一系列"挑战性问题"面前败下阵来,只不过是这种迷惘与困惑的一个缩影罢了!

就是这样一段对话。在这段对话当中,儿子很纯真,儿子在求真,但作为教师的父亲实际上在不时地阻拦。那么,学校中是什么样子呢?会不会是学生很纯真,学生在求真,我们却有意无意、自觉地不自觉地在阻拦呢?也许在差一点的学校,有意阻挠很多,无意阻挡也很多,几乎是家常便饭。但是好一点的学校呢?有意阻挠也许很少,但无意阻挠会不会也存在?

所以,我们说,要培养真人,我们给予学生的应当是自由的教育。

"育人"这个概念中的"人"的第二层含义是"善人"。

善人,又是一个再普通不过的概念。迄今为止也不知道有多少人对于"善"做了各种各样的界定,对"善人"进行了各种各样的阐述。我觉得作为育人目标的善人来讲,是不是也有这么两方面含义。

容人之人

善人的第一个方面,我把它叫作"容人之人",善人必定是容人之人。什么叫容人之人?容人之人懂得别人和自己一样,都是一个一个活生生的人,都有生存的需要,都有思想的自由,都有说话的权利,都有人格的尊严。所以,容人之人必然会懂得尊重,尊重他人的权力;必然会懂得倾听,倾听他人的表达;必

育人：育什么人

然会懂得理解,理解他人的选择;必然会懂得包容,包容他人的风格。

我们知道费孝通有段十六个字的名言:"各美其美,美人之美,美美与共,天下大同。"各美其美,说的是我们每个人都欣赏自己的长处,说自己好;美人之美,是说我们每个人都欣赏别人的长处,说别人好。把这两者结合起来,天下就大同了。但我不强调这个观点,因为它很难做到。我对于你可以去尊重、可以去倾听、可以去理解、可以去包容,因为它只需要我站在你的角度来想一想、站在你的立场上思考一下就行了,这是可以做到的,经过努力是可以做到的。但是,美人之美的这种欣赏就很难了,因为欣赏需要有文化上的一种共鸣,需要价值上的一种认同,这是很难的。周立波不是说过嘛,人有吃大蒜的和喝咖啡的区别。如果我们是在积极的、正面的意义上来理解这句话的话,那么他讲的一点都没有错:我是吃大蒜的,你是喝咖啡的,我实在弄不懂这个咖啡有什么好喝的,腻腻歪歪的,装腔作势的;(笑声)我是喝咖啡的,你是吃大蒜的,我真的看不惯别人吃大蒜,熏死了,一张嘴,人没到,臭味就到人面前了。但是,喝咖啡的和吃大蒜的都是可以站在别人的位置上来想一想的,是可以在一定程度上相互理解的,至少可以做到井水不犯河水,相互尊重。但如果你还要他去欣赏,要喝咖啡的去欣赏吃大蒜的,要吃大蒜的去欣赏喝咖啡的,这就非常困难了。

所以,费孝通讲的那个境界实在太高,相互欣赏谈何容易?但是,相互尊重、相互倾听、相互理解、相互包容,经过努力是做得到的。这就是容人。社会共存的底线不是相互欣赏,而是相互包容,所以,我们这里不强调相互欣赏,而是强调相互包容。

爱人之人

与此同时,善人也是"爱人之人",真正的善人一定是爱人之人。爱人之人是高于容人之人的一个境界,这是毫无疑问的。如果我们说容人之人所需要的是一种胸怀,一种宽广的胸怀的话,那么,善人之人所需要的便是一颗心,一种仁慈之心。爱人之人,对于他人有怜悯之心、有爱护之心、有帮助之心、有服务之心,这也是不用多说了。

81

一个爱人之人，如果看到街头上卖唱的残疾人——当然残疾人这个名称不太好——他经过简单的判断，只要觉得这个残疾人不是行骗的话，他通常会在他前面的一个饭盆或者是什么盒子里面丢一个硬币。他如果看到街头有跌倒后不能自己爬起来的老年人，他哪怕采取一下保护自己的措施，以免自己受冤屈，也要去把他扶起来。当有天灾人祸之类的大的事发生时，一个爱人之人总归会想方设法、尽力而为做点什么。

我们培养出来的学生，我们的教育所培养的人，不能不是这种善人，不能不是容人之人，不能不是爱人之人。那么，什么样的教育才可以培养这种人呢？

> 培养"善人"：容人之人
> ↑　　　爱人之人
> 平等的教育

也许你会说，"爱的教育"就可以。你当然可以这么说，但是我不想这么说。我觉得，培养这样的善人——包括容人之人、爱人之人——你分析到最后会发现，它所需要的是"平等的教育"。

平等的教育

平等的教育十分介意"共同"这两个字。我们可以从组成"共同"这个词的"共"和"同"这两个字来理解。

首先来讲"同"。同是指的什么？所谓同，说的是不管你是什么性别，不管你来自何种家庭，不管你具有怎么样的天赋，也不管你的长相有什么与众不同，全班同学都有一个相同的"地球身份"，这就是区别于石头、区别于植物、区别于其他动物的活生生的"人"，这是一个地球身份。与此同时，"同"还意味着，不管学生之间有什么不同，他们又都具有一个相同的"社会身份"。这个相同的社会身份是什么？就是"学生"。所以，我在前面为什么要说学生和儿童是不同呢？就因为学生是一个社会身份。这是讲的"同"。

所谓"共"，说的是我们全班几十个学生、全校上千个学生都生活在一个共同的世界里，我们都生活在中国这样一个共同的国家里，都生活在石梅小学这样一个共同的组织里，都生活在某某班这样一个共同的群体里，说的是这个意思。

这样来看，平等的教育自然也就十分介意"共同"这两个字了。没有"共同",就谈不上"容人",也谈不上"爱人",因为根本就不平等。由于介意"共同"这两个字,所以说,平等的教育就一定会在指导学生容人上面下功夫。因此,我们主张,一个称作学校的地方,应当成为学生学会宽厚待人的地方、宽厚容人的地方。

其实,我们也不用提升到那么高的境界。我们只要说平等的教育至少要让学生体会到这样一个道理,不是光跟他说要平等、要平等,而是要通过设计各种活动,让他体会到平等这样一个道理,让他意识到容人其实是既利人又利己的一种生存方式,你不容人,别人也不会容你。学生理解到这一步可以了,真的,要让学生在活动当中体验到这一点。

在真正奉行平等的教育的学校里,教师不可能把学生分为三六九等,不可能把学生当作机器甚至当作教师实现自己利益的工具。当然,许多教师在口头上也不会说把学生当作工具,但实际上有的时候他们会自觉地不自觉地就这么去做。分析到最后你会发现,他们实际上是在把学生当作自己的工具的。这种情况不光是有,而且相当普遍。当然,在好学校,尤其是在石梅小学这样的好学校里,这种情况会少一些。

在真正奉行平等的教育的学校里,学生之间也不会存在鄙视、歧视、妒忌、排斥、拉帮结派、霸道、欺凌……这些都不会发生,因为在这些学校里,这些行为没有什么市场。如果有市场,学校也就不成其为学校了,就成了一个争斗场了。

也正是因为有了"共同"这两个字,所以,平等的教育一定会在引导学生爱人方面去下功夫。我们主张,一个称作学校的地方,应当成为使学生学会爱人的地方。刚才我说的是,指导学生容人,是要让学生体会到容人是利人又利己的一种生存方式;现在我要说的是,指导学生爱人,是要让学生体会到爱人其实是爱自己的一种高贵的方式。爱自己有很多方式,爱人就是其中一种。爱人其实就是爱自己,这是很有道理的。你以为爱人和爱自己不同,其实在我看来,爱到最后都是爱自己,只不过爱人是爱自己的一种高贵的方式。

在真正奉行平等的学校当中,教师会心疼每一个学生。当然,做到这一点是很难的,心疼每一个学生是很难的。我对于我的学生也是想要努力做到这样的，但是静下来想一想，发现自己原来还是有偏颇的。爱护每一个学生，就像顾校长在她主编的那本书的封面上所写的那样：好学校从关注每一个学生开始。在这样的学校当中，学生之间——请注意——会不偏颇地相互关心、相互爱护、相互帮助。这"不偏颇"三个字非常重要，如果说有哪一个学生，他只关注、只关心、只关爱某一个或某几个同学，而对其他同学形同路人，像陌生人一样，那么，他虽然因为关注了别的学生、关注了这一个或这几个学生而比只关注他自己要好一点，但是他所表现出来的依然是一种偏狭的爱，这种偏狭的爱其实不符合教育的要求。

当然，千万要注意，我们承认存在着好朋友和一般朋友的区别，因为有兴趣的不同、爱好的不同、性格的差异，等等，一个学生可能会同另外一个学生或另几个学生交往得更多一点，相互之间也可能更加喜欢一点，这是完全合理的、可以理解的。但是——我说的是"但是"——在关注、关心、帮助这些方面，在爱的问题上，是不可以偏颇的，不应当有明显差异。教育所要求的爱，一定是在符合法律与道德的前提下平等地去爱人。它难就难在这个地方。我们有谁不爱人啊？除非他不是人，才会是不爱任何一个人。

但问题是，我们常常并没有平等地去爱人，关键在这个地方。我们只爱我们喜欢的人。而这，在一个群体中是不可以的，确实是不能偏颇的。在同一个群体里面，在同一个组织里面，你要是只爱其中的一个人，只爱其中的几个人，那么，你最终一定是要在相当程度上和小团伙连接到一起的。所以说，偏颇的爱是小团伙形成的原因，也是小团伙形成的结果。我们可能对这一点不是很介意，但是如果回想一下我们自己的学生生涯，你就会发现，当别人的偏颇的爱的对象不包括你的时候，你是会有感觉的，很不好的感觉。所以，偏颇的爱对于班级的凝聚力来讲，是一个很大的障碍，很麻烦。这也是我这里为什么要把爱与平等联系起来，把爱人作为平等之人的一个方面来谈，原因就在这里。在某种意义上，爱人、简单地讲爱人，其实并不是很难，关键是当你在群体中的时候，在关心、关注、爱护、帮助的意义上，你不能只爱那一个，不能只爱那几个，关键在这里。

所以，真正有品质的教育、真正品质优良的教育，不能不是平等的教育。

育人：育什么人

那我们就要问了：我们现在的教育真的是平等的教育吗？确实是平等的教育吗？我们的教育本身有没有切实地去尊重、去倾听、去理解、去包容每一个学生？有没有去同情、去爱护、去帮助、去服务每一个学生？学生有没有在事实上因为我们的鄙视、歧视、苛责、排斥——这在好学校可能是很少的，但即便在好学校，可能常常也会不自觉地表现出不关注和忽略，麻烦就在这里——而成为我们伤害的对象？不仅如此，我们的教育本身有没有自觉地不自觉地把学生当机器、当工具？在一些好学校，把学生当机器的现象可能不太多，但自觉地不自觉地把学生当工具的现象还是存在的。更重要的是，我们教师对于学生的种种不平等的行为——包括显性的和隐性的——有没有对学生之间不平等行为的产生在事实上起了一种负面的示范和诱导的作用？尽管在好学校，这些现象是以一种程度不太深、表现不太明显的方式存在的。这些，都是需要我们真心忏悔的。

我想，在一个真正平等的学校中，校园里应当是充溢着一种轻轻松松、愉愉快快的氛围。我从不同的侧面都听说了，石梅小学就存在着这样一种氛围。在这样的学校中，校长、教师和学生都会抱有一种积极意义上的"你好，我好，大家都好"的心态，都会怀有一种"我们今天在一起，我们明天还在一起吧"这样的心情。这样的期待和期盼它弥漫在学校的日常生活中。平等的学校一定是这样的。我把这个称为"学校的平等样态"。这种平等的样态对于石梅小学来讲可能一点都不陌生，而且非常熟悉。我觉得你们应该是习以为常了，因为六十多年前你们有位毕业生谱写了一首《放学歌》，那真的是勾勒出了平等的样态，我这里也把它展示一下。

《放学歌》

面向老师：功课完毕回家去，老师同学大家明朝会。

面对面：明朝会，好朋友，明朝会，好朋友。

看到这段文字，我非常感动。为什么呢？就因为它非常质朴、非常言简意赅，虽然只是文字，但是有种画面感，一种丰子恺式的画面感。什么意思呢？

就是说一种平等的、和睦的学校人际生态的画面感,可以说三笔两画就栩栩如生地跃然于纸上。当然,如果最后一句的语序颠倒一下,改为"明朝会,好朋友;好朋友,明朝会",语感可能会更好些。说实话,这位毕业生很厉害,真的很厉害。不过,更准确地讲,也不是这位毕业生很厉害,而是因为石梅小学本身就有这种样态,这位毕业生不过是把这种样态非常质朴、非常言简意赅地勾勒出来了,使得它有这种画面感。

现在,让我们再回到今天。我们说学生其实不是傻瓜,我今天已经不止一次说学生不是傻瓜了。尤其是在今天这样一个信息化时代,来自家庭的、网络的、媒体的、社区的等等,四面八方的信息向学生扑面而来。这样一来,结果会怎样呢?它使得教师的一言一行的真实动机逃不过学生的眼睛。

我们来看,这里有一位教师的一篇教学随记,这位教师这样写道:

昨天,我的孩子们进行的单元练习考得非常差,至少是远远地超出了我的承受能力,我很难受,所以在讲解试卷之后一个一个地盯着试卷批评,完了之后,我想到魏书生的手段,写反思。(这位老师的文笔真不怎么样。)一个孩子写下了这么一段话,"老师也有竞争,老师也不容易,我们应该体谅他们,我们如果考得不好,他们会扣奖金"。(这可能是在实施绩效工资之前。)"这个公开的秘密在孩子的文笔中表现,在幼儿反思他们自己行为的作文中表现,我的想法很多很多。"

我把这篇随记加了个标题,就叫作《老师也不容易》。我刚才讲了,这篇随记的文字确实不怎么样,实在不敢恭维,但是它里面提到的学生所写的这段话,却是说明了当今基础教育中的一个比较普遍的现象,就是教师会自觉地不自觉地把学生当工具。当然,要注意的是,我这里讲把学生当工具并不局限于把学生的考试成绩同教师自己的利益联系起来。不要局限于这一点,一定要拓开来想。我们说,当你觉得学生的不同意见、不合作的态度甚至抵制的行为使你的权威受到影响、让你感到不爽的时候;当你觉得学生的不佳表现导致你在领导和同行的面前的评价减分的时候……当你这样想的时候,你已经在把学生当作工具了。

好,这是讲的第二个层面。

"育人"这个概念中的"人"的第三层含义,在今天这个时代,尤其是在我们今天的这个社会里,我认为是"正人"。

正派之人

什么叫正人?正人首先是"正派之人"。正派之人的胆量是非常小的,因为他尊奉法律、敬畏道德,他的胆子当然很小。他老老实实做事,规规矩矩做人,这也是我们经常讲的。正派之人是不屑于投机取巧的,他也不会去突破底线。不是有"正人君子"这一说吗?如果我们从积极的意义上来理解和使用的话,那么,正人君子这个概念中的正人也就是我这里所讲的正派之人。不过,这不是我这里要讲的重点。正派之人还不是作为育人目标的"正人"中的"人"的全部含义,正人还必须是"正义之人"。

正义之人

刚才讲了,正派之人的胆量很小。但是,正义之人刚好相反,他的胆量很大。正派之人只是个底线,因为他只要独善其身就可以了,而正义之人却必须管闲事,他是高于正派之人一个境界的。不过,这个境界在小学生也能做到,小学生以他合适的方式也能做到,否则我们这个社会就完蛋了,这一点我下面还会讲到。正义之人关心公共事务,厌恶丑陋,痛恨罪恶,敢于拍案而起,敢于挺身而出,所以他不会明哲保身,不会事不关己、高高挂起。

对于正人这个概念,石梅小学也应当非常熟悉。你们的老校友,清代两朝帝师、光绪维新的第一导师翁同龢,他有一副楹联,叫作"入我室皆端人正士,升此堂多古画奇书"。"端人正士",我们做一个偏狭的理解吧。这个"端人"应该讲的是举止端庄吧,"正士"应该就是至少含有我这里所说的"正派之人"这一层含义吧,也许还有一点"正义之人"的含义。要不然,他也不会协助光绪去搞维新啊。当然,在皇帝面前,他可能不会拍案而起,但至少就他对于许多他认为看不惯的现象,他认为错误的东西,他可能会昂首挺胸的。所以,我觉得石梅小学的学生其实是很幸运的,因为学校的文化底蕴确实很深厚。所以,我也觉得自己出生得早了一点,要是迟一点,就可以到石梅小学上学了。

我们的教育,它在今天不能不培养正人,不能不培养正派之人和正义之人。因为,我们这个社会,我们今天的社会状况需要正人,尤其需要正义之人。

担当的教育

问题在于,究竟什么样的教育才能培养出正人,尤其是正义之人来呢?那恐怕只有"担当的教育"。因为,担当的教育是源自于忧患意识的,一种深深的忧患意识,尤其是为我们这个社会十分普遍的精神的塌崩、每况愈下的道德滑坡,以及令人触目惊心的行为腐败而深深地忧虑,为因此所面临的严峻挑战而深深地忧虑。

培养"正人":正派之人
　　　↑　　　正义之人
担当的教育

如果我们今天做教师没有这样一种忧虑、没有这样的忧患意识的话,我真不知道语文、数学以及其他一些学科的教学会是怎样的一种所谓的"纯粹"。我们应当为这个国家和民族的未来担忧,深深地担忧。我们应当痛切地感到社会的健康发展所需要的人不能只有真的一面、善的一面,它还必须要有正的一面。在这方面,教育责无旁贷。

因为有着深深的忧虑,所以我们说,担当的教育就会鼓励学生去"恪守正派"。因此,我们主张,一个称作学校的地方,应该成为学生学会恪守正派的地方。当然,对小学生的要求不能和对高中生、大学生的要求相比,但是,即便是小学生,也应该在这个阶段以他们能够理解的方式、在他们力所能及的程度上,学会恪守正派。他要时刻提醒自己,要和他自己已经清楚知道是错误的、不正确的那些观念和行为尝试着划清界限。也就是说,知道这是不该做的,那就不要做。

因为有着深深的忧虑,所以担当的教育就会鼓励学生"维护正义",我们主张,一个成为学校的地方应当成为学生学会维护正义的地方。请注意,是"学会"维护正义的地方,也就是要学会时刻提醒自己,应当以力所能及的方式成

育人：育什么人

为整个社会里维护正义的大军中的一分子。

小学生也要学会维护正义。当然，说小学生也要学会维护正义，不是说他在街上看到一个彪形大汉拿着个刀，挥舞着刀对一个弱女子行凶、施暴时，他必须上前大喝一声，"滚开"，然后就去夺刀。当然不是这个意思。那是很鲁莽的，那不叫勇敢，真不叫勇敢。小学生有小学生力所能及的维护正义的地方，在班级生活里面就有，在学校生活里面就有，当然，今天我们不去探讨这些方式，但它的确是有的。如果说小学生没有学会维护正义这个任务，那就意味着正义的教育同我们小学教育就整个地没有干系了。那不合逻辑，这一点我下面还要涉及。

真正有品质的教育不能不是担当的教育。可是，我们敢说我们现在的教育是担当的教育吗？

我首先想问的是，我们教育本身有没有已经为我们的学生进入社会之后偏离正派、突破法律和道德的底线埋下了伏笔？我们要问这个问题。我始终不太相信这样一种说法，就是学生在学校里都是好的，进入社会以后才变坏的。这真有点像卢梭的那种自然教育观。真的是这样吗？我是不太相信。我始终觉得，现在的这些"老虎"和"苍蝇"，尤其是有些年龄还不是很大的"老虎"和"苍蝇"，他们的贪腐行为难道同他们的教育经历、同他们的学校生活一点点的关系都没有吗？反正我搞不懂。当然，他可能在学校里是三好生、是优秀干部等等，但那会不会是个表象呢？

我倒不是说社会没有责任。毫无疑问，到了社会里面，那就更复杂了。作为"大染缸"，社会的那种腐蚀力量是很强的。但是，他的底色呢？我们不是常常讲我们的幼儿教育、我们的小学教育要给学生一个成长的底色吗？那这个底色本身有没有问题呢？这其实是需要我们思考一下的。你总不能说，他成了英雄模范了、成了伟人了，那无论如何有我们学校教育的功劳，他是我们的校友，是我们的著名校友，学校的杰出校友录上有他的头像，记载着他的贡献。而一旦他成为社会渣滓了、成了坏人了，那就和我们没有干系了。这至少在思想方法上是一种文过饰非。当然，我们也不大可能去追责，当他成了一个坏人了、成了一个大坏蛋了，中国和日本真打起来他成了一个汉奸了，就说那是因为他在上小学的时候就怎么怎么恶劣等等,这种做法也不合适。但是,我们得有一种反思的意识。

因此,我们也要问,我们的教育本身有没有为我们的学生进入社会之后远离正义、成为精致的利己主义者——这是北大的钱理群教授讲的,大家都知道的——打下了基础、实际上打下了根基?有没有?这也是要我们扪心自问的。如果说我们以前没有意识到,那么,我们现在可不可以做这样一个猜想:如果当下社会中的种种丑陋现象在不远的将来还依然存在,甚至愈演愈烈的话,我们的教育能够完全脱离干系吗?因为,明天的社会成员是从我们今天的小学校园里走出来的,是从初中校园里走出来的。我当然不是说责任全在小学、全在初中,但是我们的教育当中有没有一些东西实际上在催发着他们"向坏"、孕育着他们"向坏"呢?有没有这种可能呢?我觉得,伏笔其实已经存在,根基其实已经打下。我把问题讲得严重一点,是不是可以有利于我们进行一些更深刻的反思?

因此,在培养正人的问题上,我们也得有担当。不光在前面所说的培养真人方面、在培养善人方面我们应该有担当,在培养正人方面,我们也必须有担当。

可是,一旦这样说的话,是不是就有必要连带着讨论一下"爱的教育"的问题了呢?这么多年来,爱的教育一直是我们对于学生的情感教育的一个主旋律,这个没错。但问题是,在某种程度上,爱的教育已经成了情感教育的一个代名词。说到情感教育,几乎就是指爱的教育,以至于爱的教育成了一个筐,什么都往里面装。但是,如果我们的教育要培养的不只是真人、不只是善人,还应当是正人的话,那么,我们就应当思考这样一个问题:仅仅进行爱的教育够不够?

说实话,这个问题一直困扰我好多年,我也一直在思考。坦率地讲,这个问题思考起来是很困难、很麻烦的。但是,我们总得要面对现实吧,总得要承认真理吧,我就是想弄清楚完整的教育究竟应当是怎样的。探讨的结果,五年前在《中国教育报》上发表了一篇文章,题目就是《要不要让学生学会一点"恨"》。我的观点是,我们应当在使学生学会"爱"的同时,也应当让学生学会一点"恨"。这里所说的"恨"是打了引号的,想强调它不是"仇恨"的恨、不是"嫉恨"的恨、不是"怨恨"的恨,而是"痛恨"的恨,是对于缺乏人性、缺乏良知、

育人：育什么人

缺乏道德的一切丑陋行径的深切愤恨。

从某种意义上讲，使学生学会一点"恨"的难度比使学生学会爱的难度要大得多。但是，不管怎么说，一个正义之人，他不仅应当是有"爱"之人，也应当是有"恨"之人。一个正义之人，怎么可能没有这样的"恨"呢？这其实是我这里所讲的正义之人的题中应有之意。其实，爱和恨本来就是一对情感，是人类情感的不可缺少的两个组成部分，是两面。只强调爱的情感，回避恨的情感，这不是完整的情感教育，即便在小学阶段也不是。

我们需要的是完整的教育，我们需要完整的情感教育，我们需要完整的知识传授，我们需要完整的智慧引导，我们需要完整的人格陶冶。换句话来讲，我们的教育应当有一种结构，一种有张力的结构。只关注一点而忽略其他，只偏重一点而忽视其他，这种教育一定是片面的，这样的教育肯定是很难完成自己的神圣使命的，因为当你培养的学生进入社会后，当他处于某种情境时，你发现，坏了，他缺少一种必要的品质、缺少一种必要的素质。对于这个问题，我也有过思考，曾经借着给一个杂志写卷首语的机会，写了一篇很短的文章，专门谈到这个问题。文章的标题就是《教育之真谛：保持必要的张力》，我是这样说的——

不论千百年来无数的圣贤大哲、帝王将相、仁人志士、业界精英乃至芸芸大众对教育提出过多少期待，教育实践及其社会效果的事实都一再提示着这样一条原则：教育的目标绝不能只是单向度的，教育活动应当保持必要的张力。

不错，教育是应当让学生懂得生命的价值，知道珍惜"自己的生命"。但教育同时也应当使学生懂得，这种珍惜不能是无边的，因为作为一个区别于动物的人来说，毕竟还有比个体的生命价值更高的东西，譬如说"民族利益"。为了民族利益，可以抛弃自己的生命。若非如此，为苟且偷生而出卖祖国与人民也就变得可以原谅了。这岂不荒唐！

不过，教育是否就应当让学生树立民族利益至上的思想呢？历史的经验告诉我们：万万不可！为了本民族利益而不顾他民族生死存亡、为了本民族的富裕与快乐而将他民族置于贫穷与痛苦之中，这种以邻为壑的做法有悖人类正义，必将受到历史的惩罚。第二次世界大战中的德国纳粹主义教育与日本军国主义教育便是典例。因此，教育需要让学生确立的不是民族利益至上的思想，而是不同民族相互之间合作共生的意识。

然而，教育要使学生确立的是无条件的合作共生意识吗？答案是否定的！培养合作共生意识应当和形成竞争自立意识构成教育的一对目标。道理显而易明：倘若没有合作共生而只有竞争自立，其结果必然是缺德的拼抢争斗过程绵延不断，不义的损人利己行为比比皆是，人的社会难免要蜕变为狼的世界；但另一方面，假如没有竞争自立而只有合作共生，则合作共生本身也就成了无源之水、无本之木，其结果只能是人的激情的衰减、活力的丧失，久而久之，恐怕总有一天要从现在的信息化时代退化到类人猿时期。

自由人格与规则意识，民主精神与集中意志，平等观念与贡献意愿，权利主张与义务承诺，是非原则与宽容胸怀……诸如此类相辅相成的品质，应当成为教育的成对目标。教育目标只有是成对的，才会是有张力的。有张力的教育才是完整的教育，并因此而成为合理的教育。没有张力的教育只能是片面的教育，这种教育或者会让人变得偏激乃至疯狂，或者会让人变得死板乃至呆傻。

让我们进行有张力的教育。

这就是我当时提出的一个主张。我想问的是：在使学生成为正人方面，尤其是在使学生成为正义之人方面，我们的教育是不是做得太少了一点？

"育人"这个概念中的"人"的第四层含义是"能人"。

能人，还是一个我们耳熟能详的概念。不过，我这里所说的"能人"包括两个方面。

能动之人

能人首先是"能动之人"。怎么叫"能动"呢？在我看来，能动就意味着"主动"——能动之人喜欢主动学习，而不是被动接受。能动也意味着"开动"——能动之人喜欢开动脑筋思考问题，而不是不思不想坐等答案。能动还意味着

"联动"——能动之人喜欢运用自己所拥有的各种知识、技能及经验去分析问题和解决问题,而不是孤立地只用眼下刚刚掌握的知识、技能或经验来分析问题和解决问题。

也就是说,在能动之人那里,知识、技能以及经验等等都不是孤立地、碎片化地、静态地存在于那个地方的,学习、娱乐、生活等等,也都不是机械的、刻板的、教条的,一切都是灵活的、灵动的,随时可以进行关联,随时可以进行互通。这是我讲的能人的第一个方面,他是能动之人,他主动、他开动、他联动。

能创之人

"能人"的第二个方面是"能创之人",也就是我们现在经常讲的能够进行创新的人。

能创之人首先是喜欢创新的,是希望创新的,他不会轻易地满足现状,他总希望有所改善、有所提升、有所突破。而这种改善、提升和突破的对象不仅仅是他的外部,而且也包括他自身,甚至首先是他自身。对学生来讲,也就是希望在他自己的历史、自己的过去的基础上,能有所改善、有所提升、有所突破。

其次,能创之人也是敢于创新的,这一点比较好理解。他不会害怕权威,不会把尊者——比如说我们的领导啊、各层各级领导等等——把这些尊者的期待一概奉为准则;他不会对长者全部言听计从,他不会对老师的教导只管认同和接受,他也不会在那些不合时宜的清规戒律面前循规蹈矩,而且,他也不会把自己已经取得的成就看成不可逾越的高峰,说我只能到此为止了,他很少有这个念头。

最后,能创之人也是善于创新之人。这是个基本功,也是个前提。他能够通过经常性的反思发现他人的或者自己的(请注意,我这里强调"或者自己的")观点、方法、规则中的一些错误、不合理的地方或者可改进之处,哪怕是那么一丁点的可改进之处。进行了这一点的改进,他就可能超越别人,更重要的是将超越他自己。

这里特别重要的是对于创新的理解,我们不要把创新这个词看得过于庄严、过于严肃。因为,作为育人的一个目标来讲,我所理解的所谓创新,绝不仅仅局限于你发现了一种新的化学元素,或者培育出了产量更高的一种超级水稻,或者把飞船送到了月球上,或者造出了世界上运算速度最快的超级计算机,等等。如果你把这些"壮举"、把可以称之为"壮举"的这些成就看成是创新的话,那我们在座的各位就可能都是非创新之人,甚至是失败之人。这不是荒唐吗?我们的生活不是这样,我们人的成长和发展不是这样的。

所以,我们这里所说的创新,作为育人目标的创新,一定是一个比较宽泛的概念,一定是从成长、发展这个角度来讲的。什么意思呢?也就是说,创新应当首先是对于自己的创新,对于自己的超越,这是特别重要的。否则就会变成人比人气死人了。对学生,你可不能总是要求他们和别人比。失败者是怎么产生的?失败者在很大程度上是我们的"创新教育"导致的!它是比呀、比呀、比出来的结果。跟谁比?跟别人比。可以这么去比吗?人与人的智商是不一样,但这又怎么样呢?不是还有多元智能结构吗?在某种统一的标准下进行比较,一定有高一点的和低一点的,一定有好一点的和差一点的。好了,比来比去的结果,差一点的都成了差生了。这不是开玩笑吗?那教育就不是一种培育了,它变成一种摧残了,不是吗?

因此,我认为,只要你不满足、不甘心自己的现状,希望改变现状,希望能在现有基础上实现具有根本意义的突破、提升或者转变,并最终通过自己的努力实现了这一点,我认为就是创新之人。因为你超越了自己的过去,创造出了一个崭新的你,这不是创新是什么?

当然,有些人既超越了自己,也超越了他人,那就是另外一回事了,但这并不是我们教育的关注重心。我们教育的关注重心就是学生能不断超越他自己,不断谱写他自己的新的历史。我觉得应当是这样。我刚才说,有的人可能总体上天资更优秀一点,他得到的机会也更多一点,他在超越了自己的过去的同时,也超越了他人,甚至成为人类文明进程中的一个佼佼者。比方说,爱因斯坦超越了牛顿,马克思超越了黑格尔。但我们一定不能以超越他人的创新来否定超越自己的创新的价值。实际上,对于个体来说,真正能让他充满内心喜悦的、真正能让他被他自己所感动的、真正能激发他进一步发展自己的欲望的,首先不是对于他人的超越,而是对于自己的超越,是在自己的历史上写下的崭新的一页。

激活的教育

我们的教育所要培养的,不能不是这样的"能人",不能不是这样的"能动之人"和"能创之人"。那么,什么样的教育才能培养出这样的"能人"来呢?应该是"激活的教育"了。为什么呢?就因为激活的教育所看到的,是我们每一个人的不同的"禀赋"。禀赋在这里的含义是,老天已经把创新的种子赋予了我们每一个人,赋予了我们每一个身心发展正常的人。这个创新的种子有两种成分:一种成分是天性,也就是创新的天性;还有一种成分是天能,也就是创新的天能。只不过人与人之间在这两种成分的具体构成上有所不同而已。

> 培养"能力":能动之人
> ↑　　　　　能创之人
> 激活的教育

对于人具有创新的天性和天能这一点,不仅心理学方面的一些实验结果已经表明,而且生活中的大量经验事实也可证明。创新的天性和天能,是我们这里所说的成长为能人的一种发生学基础。创新这样一种天性与天能其实是原本就内在于我们每一个人的身上,只不过由于外部因素的种种制约而常常被压抑着。一直被压抑、压抑再压抑,久而久之,我们渐渐地也就不想创新了、慢慢地也就不会创新了。

现在都在讲大学要培养创新人才,真要到大学才开始培养创新人才,其实已经晚了。都说计算机要从娃娃抓起、足球要从娃娃抓起,其实,最应当从娃娃抓起的,不是别的,正是创新的欲望和能力。而由于儿童原本就有创新的天性与天能,所以,对于儿童的创新欲望和创新潜能的打压,不仅对社会来说是一种浪费,更重要的是对儿童来说是一种摧毁,是一种最大的不道德行为。

周国平说,"教育不可能制造天才,却可能扼杀天才"。他说的这种扼杀的教育是对于天才的影响,我倒是觉得更需要看到这种扼杀的教育对于每一个身心正常的学生(儿童)的影响。由于每一个学生(儿童)的禀赋里都有创新的种子，都有创新的欲望和潜能，因此，如果从学生（儿童）的禀赋的角度来要求我们的教育、我们的学校、我们的老师的话，那就可以用得上古希腊哲学家第欧根尼说过的一句名言，这就是："不要挡住我的阳光。"学生（儿童）的禀赋的特点是，你不遮挡他的阳光，他就展现给你一片灿烂。

这也使我们想起最近流行的一个口号："大众创业、万众创新。"乍听起来，似乎有点不切实际，甚至有点耸人听闻。但细想下来，其实一点也不耸人听闻，因为它是有着人的天性与天能方面的哲学和心理学依据的。创新的禀赋不只是所谓的天才们才有的，也不只是所谓的精英们才有的，芸芸大众其实都有。只不过芸芸大众的创新禀赋在学校教育过程中以及在后来的社会生活过程中没有得到很好的呵护，没有足够的机会得以展现和生长，反而受到打压与摧残，于是，芸芸大众的创新禀赋就处于一种冬眠或者半冬眠状态。在这种情况下，所需要的是什么呢？是解放、是唤醒。

由于看到学生的禀赋，所以，"激活的教育"便会千方百计地激发学生的"能动"。我们主张，一个称作学校的地方，应当成为学生充分展示自身活力的地方，应当最大限度地催生或强化学生主动思考和行动的强烈欲望，使得"我想""我要"成为学生的一种口头禅。

由于会看到学生的禀赋，所以，"激活的教育"也会千方百计地激励学生的"能创"。我们主张，一个称作学校的地方，应当成为学生充分展示自身禀赋的地方，应当最大限度地增强学生不断挑战与应战的充分自信，使得"我能""我行"成为学生的口头禅。

真正有品质的教育、真正品质优良的教育，不能不是激活的教育。可是，我们敢说我们现在的教育确实是"激活的教育"吗？我们的教育有没有屡屡挫伤学生的"我想""我要"的欲望？当然，前面已经说过，并不是学生的一切需要、所有欲望都要满足的。这里所说的"我想""我要"的欲望，指的是学生展现自身活力、力图超越自己的欲望。我们的教育有没有频频打压学生产生或增强"我能""我行"的自信？这些都是需要我们用心检讨的。

育人：育什么人

"育人"这个概念中的"人"的第五层含义是"个人"。

个人是什么意思？我们每个人不就是一个一个的个人吗？难道这还有什么其他含义吗？

请注意，千万不要小瞧了、忽视了"个人"这样一个看起来极为普通的日常用语。"个人"其实是一个非常严肃甚至非常庄严的概念。我们经常也会说，"我个人认为""我个人觉得"等等。其实，当我们这样说的时候，就已经有了一点严肃、庄严的味道。

独立之人

为什么呢？这是因为，"个人"首先是"独立之人"。独立之人不依附权势，而是自我尊重；独立之人不人云亦云，而是自有主张。领导说一，你就说一；老师说对，你就说对；权威说好，你就说好；大家都点赞，你也点个赞；没有自己的判断，没有自己的立场——这样的人当然不是"独立之人"。

独特之人

和独立之人相关联，"个人"也是"独特之人"。独特之人强调适合于自己的就是最好的，而不是去削足适履；强调与众不同才是最宝贵的，而不是千人一面。

区别的教育

我们的教育不能不培养这样的个人，不能不培养这样的独立之人与独特之人。可是，什么样的教育才能培养出这样的个人来呢？那就应该是"区别的教育"了，因为区别的教育十分强调"差异"，强调人与人不一样，学生与学生不一样，无法强求统一，也不应强求统一，必须区别对待，必须因人而异。

培养"个人"：独立之人　独特之人
↑
区别的教育

正因为强调差异，所以，区别的教育便会特别推崇学生的独立。我们主张，一个称作学校的地方，应当成为学生学会形成独立人格的地方。应当使学生懂得：我就是我，我不是任何人的附庸；我需要自己想问题，说自己的话。我有我独立的人格，我需要尊重自己的独立人格、珍惜自己的独立人格。

毛泽东在新中国成立前夕曾经说过一句铿锵有力的名言——"占人类总数四分之一的中国人从此站立起来了"，那是说的整个中华民族开始昂首挺立于世界民族之林。但一个民族昂首挺立起来是不是就意味着这个民族中的每一个成员也必然地同样昂首挺立起来呢？不一定，这要看这个民族中的每一个成员是不是都有自己的独立人格。这就离不开我们在学校教育中的引导，学校教育最终需要教会学生的，不能是俯首帖耳、"跪着生存"，而应是昂首挺胸、"站着生存"。

也正因为强调差异，所以，区别的教育也会特别注重学生的独特。我们主张，一个称作学校的地方，应当成为学生学会形成独特自我的地方。应当使学生懂得：我就是我，我有别人所不具有的长处和特点，我至少可以在这些方面充分展现、充分发挥，为自己的成长发展争取更多的机会、更大的空间。教育最终需要教会学生的，不是穿别人的鞋、走别人的路、成为淹没在毫无个人特点的一群人中的那一个，而是穿自己的鞋、走自己的路，管他别人说什么、怎么说，成为特点鲜明的"这一个"。

真正有品质的教育、真正品质优良的教育，不能不是"区别的教育"。我们敢说，我们现在的教育确实是"区别的教育"吗？我们的教育有没有在辛辛苦苦但又实实在在地把学生规训为缺少个人主见、没有自身立场、基本上只是淹没在集体之中的温顺的小绵羊？美国人有一个说法，叫作"优秀小绵羊"。有没有勤勤恳恳但又扎扎实实地批量化生产着人才标准件？这是需要我们诚心反思的。

其实，和过去的年代相比，在今天，注重个性化、个别化乃至私人定制化已经越来越成为一种基本的大趋势、大潮流。如果我们在学校教育中依然是自觉地不自觉地把学生规训成温顺的小绵羊，依然是自觉地不自觉地批量化生产人才标准件，那就真的是逆流而动了，那就真的不是时代进步的推动力了，而是成了阻碍力了。在今天，这样的教育将比以往任何年代都更容易导致我们的学生充满紧张、不安、焦虑乃至恐惧，也更加容易导致我们的学生积聚起委屈、不满、反感乃至敌对的情绪。而且，这些情绪在今天也比过去任何年代都更容易以一些极端的方式表现出来,甚至爆发出来。

这方面的例子可以说举不胜举,这里我倒是想提到有位叫鲍鹏山的作家讲的一个故事,我把这个故事取名为《说走就走的私奔》——

一天,有位父亲下班回家后发现十五岁的女儿不在家,但餐桌上有女儿留下的一封信,上面写道:

"亲爱的爸爸妈妈,今天我和兰迪私奔了。(兰迪,是不是很像老外的名字?)兰迪是个很有个性的人,身上刺了各种花纹。他只有42岁,并不老,对不对?我将和他一起住到森林里去,当然,不只是我和他两个人,兰迪还有另外几个女人,可是我并不介意。我们将会种植大麻,除了自己抽,还可以卖给朋友。我还希望我们在那个地方生很多孩子。在这个过程里,也希望医学技术可以有很大的进步,这样,兰迪的艾滋病就可以治好了。"

父亲读到这里,已经快崩溃了。然而,他发现信纸的最下方还有一行字:"未完,请看背面。"

背面是这样写的:"爸爸,刚才那一页所说的都不是真的。真相是我现在就在隔壁同学的家里。期中考试的试卷已放在我房间书桌的抽屉里,你打开后只管签上字就可以了。我之所以写这封信,就是告诉你,这世界上有比考试试卷没答好更糟糕的事情。你现在给我打个电话,告诉我,我是否可以安全回家了?"

这个女儿的这封信对于她的父亲来讲是有惊无险,这个父亲是虚惊一场。可是,我们谁敢说这个故事就绝对无中生有?谁敢说在如今的社会状况和教育状况中,就一定不会有学生像这个女生这样制订类似的私奔计划?就一定不会实施这样的私奔计划?只要我们的教育没有在把学生培养成真正的人、真正的"个人"上面多用一点心思,只要我们的教育实际上在自觉地不自觉地通过包括考试在内的种种方式去抹杀学生的差异性、个别性、独特性、丰富性,只要我们的教育自觉地不自觉地实际上在把内心里希望独立的学生规训成没有主见、缺少立场的温顺小绵羊,把原本千差万别的学生都打造成千人一面的标准件，那么，类似于这种说走就走的私奔就随时随地都可能发生。事实上，即便没有发生这样的私奔行为，但谁敢说我们的学生心里就完全地、任何时候都没有产生过私奔的念头？

上面讲的全部内容都简要地反映在PPT中的这张表上了。集中概括一下，也就是：在今天，我们所培养的人应当是"真人"，是纯真之人和求真之人，因此，我们的教育不能不成为"自由的教育"。在今天，我们所培养的人应当是善人，是容人之人和爱人之人，因此，我们的教育不能不成为"平等的教育"。在今天，我们所培养的人应当是"正人"，是正派之人和正义之人，因此，我们的教育不能不成为"担当的教育"。在今天，我们所培养的人应当是"能人"，是能动之人和能创之人，因此，我们的教育不能不成为"激活的教育"。最后，在今天，我们所培养的人还应当是"个人"，是独立之人与独特之人，因此，我们的教育不能不是"区别的教育"。

总而言之，在今天这样一个时代，在今天这样一个非常的转型时期，作为育人目标的"人"，作为人之为人的人、大写的人、真正的人，不能不具有真人、善人、正人、能人、个人这五种重要含义。为了培养具有这五种含义的人，我们的教育，就不能不具有自由、平等、担当、激活、区别这五种重要品质（见表1）。

表1　人的意涵与教育的品质

人的意涵	教育的品质				
	自由	平等	担当	激活	区别
	真 人 纯真之人 求真之人	善 人 容人之人 爱人之人	正 人 正派之人 正义之人	能 人 能动之人 能创之人	个 人 独立之人 独特之人

最后想说明几点：

第一，这里关于"育人"的"人"的重要含义的大致区分，只是基于我个人对于当下中国社会和教育的应有状况的理解。我觉得，这五种含义特别重要，但也并不意味着除此之外其他意涵都不重要。

第二，真人、善人、正人、能人及个人这五种含义也只是相对独立的，并不意味着相互之间完全没有联系。

第三，这五种人的培养有赖于整个学校教育，而并不仅仅是小学阶段、幼儿园阶段的任务。但是，万丈高楼平地起，小学阶段、幼儿园阶段作为育人的奠基阶段，对于这五种人的培养具有不可推卸的责任。借用一个军事术语，幼儿园与小学在培养这五种人的过程中，起着类似于"第一岛链"的作用。

第四，培养这五种人不只是德育的任务，而且也是学校的所有课程、所有教育活动的任务；不仅仅是班主任的任务，而且也是所有教师的任务。

这意味着，要培养这五种人，教师自己就先得成为这五种人。如果教师自己不纯真、不求真，那他还有什么资格把学生培育成真人？如果教师自己不容人、不爱人，那他还有什么心灵把学生培育成善人？如果教师自己不正派、不正义，那他还有什么底气把学生培育成正人？如果教师自己不能动、不能创，那他还有什么能耐把学生培育成能人！如果教师自己不独立、不独特，那他还有什么激情把学生培育成个人？

所以，教师自己首先得是这五种人，至少得在相当程度上已经是这五种人，否则就很难做到像石梅小学大门口的墙上所写的那四个字要求的那样："以人育人。"教育的过程就是一个以人育人的过程，没有"育"字前面的那个人，也就是教师，就不可能有"育"的后面的那个人，也就是学生。

当然，教育的过程也是教师与学生共同成长的过程。但这绝不意味着，我教师还不是人，还没有在相当程度上成为那五种人，但是，让我来培育你们吧，让我把你们培育成五种人吧，让我和你们一起成长吧。那就糟了，那是玩不转的。

第五，今天所举的一些例子大部分都是负面的。其实，在我们不少学校的教育实践中，尤其是在石梅小学这样的好学校的教育实践中，育人方面有大量的正面的事例。不过，为了有助于反思、有助于说明问题的普遍性与严重性，今天特意没有去多举正面的例子，而主要举了负面的例子。希望不至于引起误解。

我有一个或许有点极端的观点——面对我们的学生，我们教育工作者的每一句话、每一个行为，对于儿童的健康成长所起的作用，不是推动力，就是阻碍力。顾校长说，"华地百货"里有一条标语，上面写着"我们永远都只有一次给顾客的机会"。这条标语对于我们教师的工作也有相当的警示性。由于义务教育的强制性缘故，学生即便是今天在同教师的互动中、在学校生活中受到伤害，他也无法像顾客那样因为这次不满意、下次就不再来，学生是明天还得来学校。但是我们得意识到，就某一个特定的问题来说，就某一个特定的时刻来说，对于学生，我们不是育人的功臣，就是毁人的罪臣。

所以，只要想到学生们的纯真脸庞，只要想到家长们的期盼目光，只要想到我们的课堂、操场确实维系着整个国家和民族的未来，我们对于学生的教育、对于学生的言行，就一定得如临深渊、如履薄冰，一定得用心、用心、再用心。谢谢！

面向每一个学生的创新教育

(2012年10月12日,重庆)

各位老师、各位同人:

我不怎么参加论坛之类的活动。因为,根据我的判断,在当下中国大大小小、高高低低、不计其数的各种论坛当中,逢场作戏、虚与委蛇的太多;追求形式、虚张声势的太多;脱离现实、虚幻造梦的太多。所以,我不太愿意参加。

但我却参加了今天的这个论坛,主要有两个原因。一个原因是我很难拒绝重庆十一中老校友宋乃庆教授的热情邀请,他的那种热情就让你觉得你如果不来参加这个论坛,就要欠下他一大笔人情;(笑声)另一个原因,也是更重要的原因,就是我感到在当下中国教育界几乎已成了口头禅的所谓"创新教育",其实存在着很多问题。

我们的创新教育到底存在哪些问题呢?我觉得问题很多,但我今天只能谈一谈创新教育自身的问题。而且,我只把视线集中在一点,这就是创新教育的"面向"问题。也就是说,我们的创新教育究竟是应该只面向一部分学生呢,还是应该面向所有学生呢? 我以为,这是创新教育的一个根本的理念问题,也是一个根本的原则问题。

我想,只要我们采取一种实事求是的态度,那就不能不承认,在许多地方、许多学校已经开展的所谓创新教育,实际上(我说的是"实际上")只面向了一小部分学生,也就是只面向了天分好、能力强的那一小部分学生。为什么这么说呢? 就因为这些创新教育的出发点往往只在于培养所谓的"创新人才"。

我在另外一些场合,对一些学校的校长和老师也谈到这样的问题。但他们感到很诧异:难道教育不就是要"培养人才"吗?创新教育、创新教育,那不就是要"培养创新人才"的吗?这不是顺理成章的一件事情吗?这难道还有什么错吗?

我当然不能说这种以培养创新人才为根本目的的创新教育就错了,我想说的是这种创新教育不全面、很不全面。为什么呢?

创新教育的面向
服务对象:少数学生? 所有学生!
根本目的:创新人才? 学生发展!

就因为它忽略了教育的一个最根本的目的,也是教育的一个原点,那就是"促进学生发展"。创新教育是以"培养创新人才"为根本目的,还是以"促进学生发展"为根本目的,这决定着我们的创新教育实际上只是面向一部分学生,还是面向所有学生。

请允许我略微展开一点具体的分析。

我以为,当我们把"培养创新人才"作为创新教育的根本目的的时候,我们就会自觉地不自觉地站在了一种单一的"国家立场"上来思考问题。什么叫作单一的国家立场呢? 也就是一切从国家利益出发来思考、来判断、来行动。

在创新与创新教育的问题上,这种单一的国家立场集中地体现在这些年来我们经常挂在嘴边讲的那几句话中。譬如,"创新是一个民族进步的灵魂,是一个国家兴旺发达的不竭动力"啦,"如果不能创新,一个民族就难以兴盛,难以屹立于世界民族之林"啦,"在激烈的国际科技竞争面前,我们只有坚持创新才能不断前进,只有不断前进才能始终掌握主动"啦,"我们一定要……敢于通过自己的努力达到世界先进水平……我们一定能培养和造就出一大批合格的、能够担当起推进我国科技事业在新世纪蓬勃发展、建设社会主义现代化的历史重任的年轻人才"啦,等等。我相信,在当今中国,只要谁在研究创新教育,只要谁在进行创新教育的实践,对于上面这几句话一定是烂熟于心的。很容易看出,在这里,创新和创新教育是同国家利益紧紧地联系在一起的,而且只同国家利益紧紧地捆绑在一起。

毫无疑问,面对激烈的国际竞争,事关民族的生死存亡,任何一个国家都极为重视人才的培养,尤其是对于创新人才的培养,更是不敢掉以轻心,并无一不是对通过教育来培养创新人才寄予了殷切而又急迫的期望。从这样的国家立场出发,就会把培养创新人才作为创新教育的根本目的,把为国家提供一流的、超一流的人力资源作为创新教育的根本目的。因为,只有提供一流的、超一流的人力资源,才能使国家在激烈的国际竞争中不断地过关斩将、不断地冲顶夺冠,始终保持处于不败之地。

在这个意义上,我们说,当今中国教育界几乎无人不知、无人不晓的所谓"钱学森之问",就是这样一种基于单一国家立场的创新教育目的的一种典型体现。钱老先生非常认真、十分执着却又很是无奈地追问道:"我们的学校为什么总是培养不出杰出人才?"

优胜劣汰的评价标准不可取

于是,我们是不是可以发现,在这种以培养创新人才为根本目的的创新教育中,实际上就贯穿了一种优胜劣汰的评价标准。这种优胜劣汰的评价标准,瞄准的是最高、推崇的是最强、期盼的是最优、企求的是最佳、要求的是最好。也就是说,按照这种优胜劣汰的评价标准,只有最高的、最强的、最优的、最佳的、最好的,才是值得称道的创新成果,才是可以用来说事的创新成果;只有首次、只有独创、只有唯一、只有冠军、只有一流,才是所谓的创新的真正标志。

于是,在这种优胜劣汰的评价标准指挥下的学校的创新教育,也就不可避免地带有了浓厚的竞争色彩;在这种优胜劣汰的评价标准衡量下的学生的创新学习,包括创新实践,也就很有一点竞技体育的味道。事实上,在有些地方、有些学校,所谓的创新学习、创新实践,在很大程度上已经演变成了一种创新竞争、创新竞赛。

于是,在这样的创新教育中,学校和教师便会自觉地不自觉地实际上只去关注或者更多地关注那一小部分天才学生、尖子学生、优秀学生,而忽视其他大多数学生的需要,忽视其他大多数学生的愿望,忽视其他大多数学生的努力。因为在这些学校和教师看来,只有那些天才学生、尖子学生、优秀学生的突出表现,才能更好地展示创新教育的成果。

于是,我们便看到了一种悖论性的结果。什么悖论性的结果呢?这就是:原本作为素质教育重要途径的创新教育,竟然也在相当程度上出现了和应试教育相类似的弊端。这不是让人很无语吗?

我得声明一下,我这样讲绝对没有否定国家立场的意思,绝对没有否定创新教育也要培养创新人才的意思。道理很简单:如果我们的国家缺乏能够过关斩将、冲顶夺冠的创新人才的话,如果我们的教育不能为国家源源不断地输送这样的创新人才的话,那么,中华民族就难免要重演落后挨打的历史悲剧。

但是,我们不能不注意到两个问题。

第一,创新教育的目的问题。就创新教育的目的来讲,我认为不仅要基于国家立场,也就是要服务于国家利益、培养国家人才,而且要基于个体立场,也就是要服务于学生成长,促进学生发展。这里的关键在于,一方面,这两种目的缺一不可;另一方面,而且也是更重要的一个方面,培养国家人才这个目的是无法单独实现的,它必须通过实现促进学生发展这个目的才能实现。这里逻辑也是简单的、清楚的,这就是:只要我们的学生都能健康地、快乐地成长,只要我们的学生都能顺畅地、高效地发展,那么,我们国家的建设和发展又何愁没有足够的人才呢?何愁没有足够的所谓创新人才呢?因此,促进学生发展始终是教育的原点,培养国家人才则有赖于促进学生发展,培养国家人才说到底只是促进学生发展的一种顺理成章的结果。这个逻辑难道不是既简单又清楚吗?

第二,也是十分要害的一点,就是创新教育的成果问题。如果创新教育是以"培养创新人才"为根本目的的话,尤其是以培养能够过关斩将、冲顶夺冠的创新人才为根本目的的话,那么,这种创新教育在实际的实施过程中,必然会只面向天分好、能力强的那一小部分学生,或者只适合于天分好、能力强的那一小部分学生。因为,这种创新教育的所谓成果,最终往往都会用个别学生的发明创造来说事,都会用极少数学生的高级别竞赛奖项来彰显,都会用少数学生的优异表现乃至这个状元那个状元之类的个案来证明。那就不可避免地会在实际上伤害大多数学生在创新方面的自信和自尊了,那就不可避免地要以牺牲大多数学生的成长和发展为代价了。

就我本人所接触的一些学校的创新教育实践来看,我相信我的这个评价肯定不是危言耸听。我们得承认一个简单的事实。什么简单的事实呢?这就是:以"首次"、以"独创"、以"唯一"、以"冠军"、以"一流"之类的名头为标志的所谓"创新",并不是每个人都能做到的,因为人与人之间在天分方面毕竟存在着水平上的差距。我们得承认,并不是任何人都能成为哥白尼、成为牛顿、成为爱因斯坦的,并不是任何人都能成为祖冲之、成为杨振宁、成为钱学森的,也并不是任何人都能成为蔡伦、成为黄道婆、成为袁隆平的。要想在某个领域、某一方面做出"首次""独创""唯一""冠军""一流"之类的顶尖贡献,或者取得杰出成就,不是说只要能刻苦钻研、只要能坚忍不拔就行了的,它还需要一个我们经常有意无意加以淡化的前提性条件,这就是相应的"天分"。正是因为必须具备相应的天分这样一个前提性条件,决定了绝大多数人在许多领域、许多方面都不可能取得创新性成果。文学研究大家钱钟书天生不喜欢数学,也缺乏数学学习潜能,指望钱先生在数学方面也有所作为,可以说比登天还难。数学大家陈景润缺少语文天分,从小学到高中,语文成绩始终平平,指望陈景润在语言或文学方面也能独树一帜,那纯属天方夜谭。

这意味着,在任何一个领域或者学科,我们都不能让优胜劣汰的评价标准来左右我们的创新教育,不能怂恿所有学生都通过创新去追求最高、达到最强、实现最优、争取最佳、做到最好;不宜过于强调首次、过于赞美独创、过于渲染唯一、过于宣传冠军、过于称颂一流。因为这样的要求只能使大多数学生成为那些天分好、能力强的一小部分学生的陪绑、成为陪练、成为陪衬，成为所谓的创新教育的牺牲品。如果创新教育要以浪费大部分学生的生命时光为代价、要以这么多的牺牲品为代价，那么，请允许我说得尖锐一点，这样的创新教育甚至有点不道德了。

有些校长或者老师可能会说，我们在创新教育中并没有进行什么优胜劣汰呀，我们并没有要求每一个学生都去追求最高、最强、最优、最佳、最好呀！

是的，也许你确实没有明确地提出优胜劣汰的评价标准，也许你并没有明确要求所有学生都去争取最高、最强、最优、最佳、最好，但是，你在创新教育中所营造的竞争性氛围，你对于学生的创新学习结果进行的等

优胜劣汰的创新教育
最高　最强　最优　最佳
首次　独创　唯一　冠军
竞争性氛围　导致　创新的强制
等级性评价　导致　创新的焦虑

级区分甚至分数评价，却至少是在客观上驱赶着每一个学生都在优胜劣汰的独木桥上行走。结果，创新活动原本是应该以充分的自由展现为前提的，原本是应该以充分的自由发挥为前提的，现在却反而带有了强制性的特征。原本应该使学生充分享受自由与创造之乐趣的创新活动，反而让许多学生体验着不应有的压力、紧张和焦虑，这岂不是一种极大的讽刺！

这就是我所说的"面向每一个学生的创新教育"的第一层含义。说的是，由于不同学生之间在天分方面存在着水平上的差异，因此，不管在哪一个领域、哪一个学科，我们都不能让优胜劣汰的评价标准来左右我们的创新教育实践。

努力发现所有学生的潜能

我想说的第二层含义是，不少学生虽然在许多领域、许多学科都缺少足够的天分，但是在某个特定领域、某个特定学科，却有着较好的天赋。在这些领域或学科，他们是有可能取得优异的创新学习成果的。因此，面向每一个学生的创新教育，就应当努力发现这些学生的优异智能，引导他们的创新学习。这第二层含义实际上是对第一层含义的一个补充。

我们可以再拿刚才提到的钱钟书和陈景润来说事,这次可以把他们俩的例子倒过来解释一番。也就是说,钱钟书虽然在数学方面近乎低能,相当地低能,他考清华大学时数学考试成绩只有15分,但文学方面却才华横溢;而陈景润虽然文学思维、文学想象十分欠缺,但他的数学思维、数学想象却有如神助。再比如,两个学生同时学习声乐和绘画,受教于相同的教师,花费了差不多同样的时间和精力,其中一个学生虽然画起画来总是乱七八糟、像涂鸦的一样,但他的乐感却相当出众,嗓音悦耳动听;而另一个学生虽然唱起歌来总是跑音走调、嗓音比破锣好不了多少,但他的色感却非同一般,对于画面的想象与构思超乎寻常。诸如此类的现象当然并非雨后春笋,但也不是凤毛麟角。

对于这些现象,相信在座的各位老师、各位同人比我知道的要多得多。事实上,这些现象早就普遍存在,只不过在很长一段时间里,我们对它只知其然,不知其所以然。直到美国心理学家加德纳1983年在实验的基础上提出了多元智能理论,才终于有了一个合理的解释(如图1)。

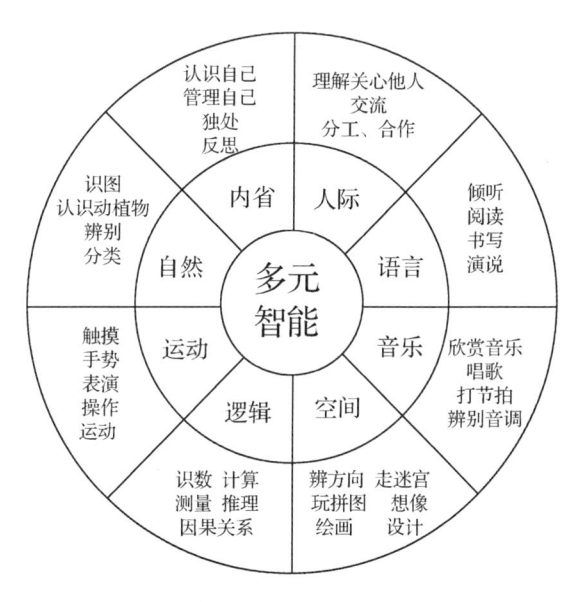

图1 多元智能理论

按照加德纳的多元智能理论,人类的智能至少可分为八种类型,包括:语言智能、逻辑智能、空间智能、运动智能、音乐智能、人际关系智能、内省智能、自然探索智能。不同的人会有不同的智能组合。一个人更适合于从事什么样的工作,取决于他所拥有的最高水平的那种智能究竟是哪一种类型。比如:空间智能较强的人更适合于做建筑师,或者成为雕塑家;逻辑智能较强的人更适合于研究数学;运动智能较强的人更适合于当运动员,或者跳芭蕾舞;自然探索智能较强的人更适合于从事科学研究;内省智能较强的人更适合于从事哲学研究;人际关系智能较强的人更适合于搞公关;语言智能较强的人则更适合于当作家,当议员;音乐智能较强的人,不用说了,更适合于当歌唱家,当乐队指挥。总之,在多元智能理论看来,我们每一个人都是天才,或者说我们每一个人都是某一方面的天才,只不过其中有些人被发现了、显露了、得到机会了、最终成功了,有些人却是没有被发现、没有显露出来、没有获得机会、最终没有成功而已。

多元智能理论对于思考和实践我们的创新教育具有十分重要的指导价值,因为它告诉我们,对于大部分人来讲,智能的不同方面之间在水平上是不平衡的。而对于其中的不少人来讲(注意,我说的是"不少人",而不是"全部"),即使他们在几乎所有方面的智能都很一般,但还是有可能在某个方面的智能相对比较突出一些。这就意味着,在这些学生身上,蕴藏着在某一特定领域、特定学科取得创新学习优异成果的相应潜能。

这就对我们的学校和教师提出了一个正当要求。什么正当要求呢?这就是,第一,如果一个学生某一方面的智能虽然比较弱,但另一方面的智能却比较强,那我们就要注意一定不能强求他在需要以较弱智能为前提的那个领域、那个学科的创新性学习中取得优异成果,这种强求是很不地道、很不人道的;第二,我们要千方百计地激发和引导学生在他具有较强智能的那个相应领域、相应学科的学习活动中努力去追求创新、体验创新、实现创新。

这就是我所说的"面向每一个学生的创新教育"的第二层含义。前面的第一层含义,说的是在任何领域、任何学科,都不能让优胜劣汰的评价标准来左右我们的创新教育;这里的第二层含义是说,我们应当努力发现学生拥有较强智能的那些方面,激发与引导他们在其擅长领域、擅长学科方面取得创新学习的优异成果。

让每一个学生都充满创新活力

那么，这是不是就是"面向每一个学生的创新教育"的全部含义呢？还不能这么说。因为，如果只有这两层含义，我们的创新教育还不能做到面向每一个学生。为什么呢？

第一，当我们仅仅说不能用优胜劣汰的评价标准去实施所谓的创新教育的时候，当我们仅仅说不能让大多数学生成为极少数学生的陪衬的时候，我们并不能保证所有学生都能积极主动地参与到特定学科——比方说语文、数学、物理等等——的创新学习中来。因为在特定的学科中，真正具有优异智能的毕竟只有极少数学生，大多数学生都不具备优异智能。这样一来，即使我们不采用优胜劣汰的评价标准，这些特定学科的创新学习活动也还是容易成为具有相应优异智能的极少数学生的一种专享的机会，而和那些并不具有相应优异智能的大多数学生就几乎没什么干系。

进一步来看，由于在任何领域、任何学科，具有相应的优异智能的学生总是只有极少数，结果，所有领域、所有学科的所谓创新教育，也就在实际上都成了极少数学生的专享机会，尽管这看上去很有因材施教的味道。

第二，虽然我们还强调不少学生可能在某一方面具有相对较强的智能，学校和教师应当努力发现学生所拥有的优异智能，激发和引导他们在他所擅长的领域或学科取得创新学习的优异成果，但还是会有更多的学生成为创新教育的"局外人"。因为，从大量的经验来看，这里所说的"不少学生"所占比例并不会很大。

因此，"面向每一个学生的创新教育"还必须有第三层含义，也是最重要的一层含义。这就是：我们的创新教育应当保护每一个学生作为活生生的人所具有的求新求异的天性，应当激发每一个学生最大限度地发挥自己的潜能，应当让每一个学生的学校生活和整个生命都充满活力，为每一个学生日后成为敢于探索、善于建构、享受人生、贡献

> 面向每一个学生的创新教育
> 摒弃优胜劣汰评价标准
> 引导优异学生创新学习
> 保护每位学生创新天性

社会的积极公民奠定必要的能力基础。

　　这里的一个要害问题在于,弄清人究竟具不具有求新求异的天性？因为,如果人确实具有求新求异的天性的话,那么,保护学生的这种天性就成了创新教育的一种义不容辞的天职,一种积德积善的人道。而以保护学生天性为己任的这种创新教育,它的意义就绝对不是只给少数学生提供一种专享的发展机会了,而应是给所有学生都提供一种共享的成长机遇。

　　关于人是不是具有求新求异的天性的问题,哲学家可以有深刻的理论阐述,心理学家可以有严密的实验证明,我这里只想通过一个简单的日常事实的例子来说明。这个例子在其他许多场合我都举过,因为我觉得很能说明问题。

　　有一对父母和一个幼儿,父母给小孩搭了一个积木,搭的是城堡。当然,也可以搭的是桥梁或者汽车,火车或者飞船。而不管父母给小孩搭的是什么,也不管父母认为搭得如何如何(案例中的父母在笑,幼儿却歪鼻子斜眼睛地表示不屑一顾),幼儿最终都会小手一抡,统统推倒,然后他自己重新搭一个。而不管这个小孩的这个城堡搭的是多么简单,多么不合规矩,也不管父母怎样地不了解,他都会为自己的作品而欢呼,都会自鸣得意。

　　这就是小孩在搭积木过程中出现的一"推"一"搭"这两个行为。这两个行为表面上看起来十分简单,但却有着关于"人"的深刻意涵。"推"的行为表明,对幼儿来说,父母所搭的积木(城堡)只是来自成人社会、来自外部世界的一种"强加的符号",是一种"给定的范本"。幼儿天生不喜欢这些强加之物,不喜欢这些给定之物。为什么呢？因为他们常常会把这些强加之物和给定之物看成是对自己的存在价值的一种威胁。因此,只要有可能,只要不受到惩罚,幼儿都会试图去拆解它、"干掉"它。而"搭"的行为则表明,幼儿天生喜欢自己亲手创构,喜欢自己亲手创构的作品。这又是为什么呢？没有别的解释,那就是幼儿实际上是把他亲手创构的东西看成是他当时的整个生命的一个组成部分。他为自己的创构成功而欢呼,为自己的创构成功而鼓掌。这一"推"一"搭"的行为告诉我们:幼儿不仅敢于否定、能够摧毁成人世界的强加之物和给定之物，而且还敢于树立、能够创构自己的心仪之物。对于幼儿来说，否定和树立、摧毁和创构是一个完整的过程。否定就是为了树立，摧毁就是为了创构，否定和摧毁之后通常就紧跟着树立和创构。这就是我们的幼儿，这就是常常被我们耻笑为幼稚的幼儿。而这样的幼儿，就是我们成年人的前身。

这样来看的话，我们这些成年人是不是真的应该感到非常羞愧？想想我们成年人吧，我们明明知道一种思想是不正确的、一种制度是不合理的、一种做法是不科学的，明明知道应当明确反对、应当全力阻止，可我们却常常是那样的瞻前顾后、畏首畏尾，哪里像图中的这个幼儿这样来得义无反顾！反过来也一样，我们明明知道一种思想是正确的、一种制度是合理的、一种做法是科学的，明明知道应当明确肯定、应当全力实施，可我们又常常是那样地思前想后、缩手缩脚，哪里像案例中的这个幼儿这样来得坚定决绝！

就是这样一个幼儿搭积木的简单事实，就表明了我们人有两种相辅相成的天性，这就是摧毁和创构。摧毁之后就应当是创构。用毛泽东的话来讲，就叫作"推陈出新"。不过，我今天在这里强调的不是"摧毁"，而是"创构"，也就是"创新"。许多研究也都表明，儿童从他出生的那天起，就已开始了探究并且改变周围世界的努力。

因此，问题是不是比较清楚了呢？既然我们人本来就有一种创新的天性，那么，对于这种天性的任何打压都只能使我们感到不自由、感到不满足、感到不快乐，甚至会使我们感到沮丧、感到失望、感到痛苦；既然社会的发展和进步靠的就是人的活力的持续展现，靠的就是人的不断地创新和建构，那么，创新教育的最根本、最人道并因此也是最崇高的使命，也就在于创设一种自由、平等、生动而丰富的发展环境，使得每一个学生的创新天性都能最大限度地展现出来，使得每一个学生的创新欲望都能最大限度地表露出来，使得每一个学生的创新潜能都能最大限度地发挥出来，从而使得每一个学生日后都能成为积极的公民。什么叫作积极的公民呢？积极的公民是敢于探索真理的公民，是勇于建构环境的公民，是乐于贡献社会的公民，是善于享受人生的公民。

这样的创新和创新教育的理念，可以说是任何一个领域、任何一个学科的所谓创新教育都必须贯穿始终的一种魂灵，也是任何一个领域、任何一个学科的所谓创新教育都必须高高举起的一面旗帜。在这面旗帜上可能会书写着一系列的词句，而我认为其中最亮眼、也最要害的一句话应当是"促进学生自由、主动、充分、健康、高效、健康的发展"。

在这样一种魂灵的呼唤下，在这样一种旗帜的指引下，我们的创新教育的根本目的，难道是为了在优胜劣汰评价标准的指挥下培养所谓的创新人才吗？难道不应当是为了促进学生更加健康、快乐、和谐的成长，更加自由、顺畅、高效的发展吗？对于创新教育的这个神圣使命来说，最重要的东西难道只是一个新观点的提出吗？难道只是一种新的解题方法的发现吗？难道只是一件富有创意的新作品的产生吗？难道不是学生的不懈追求、自由探索、敢于质疑、善于建构等等一系列创新品质的形成吗？回到我的这个发言的主题，我们的创新教育难道还能在实际上只面向一小部分学生吗？难道不应当面向所有学生吗？

回到教育的原点

讲到这里，我是不是可以说，我们这里所谈论的，与其说只是创新教育的面向问题，不如说其实已经是整个教育本身的面向问题了呢？先不要说什么创新教育了吧，其实，整个教育又何尝不是如此呢？刚才我们谈到创新教育的根本使命，其实，把"创新"两个字去掉，说它就是教育的根本使命，又有什么不妥的呢？没有什么不妥，完全可以。

教育的根本使命难道不正在于为学生创造一种自由、平等、生动而丰富的发展环境吗？难道不正在于使每一个学生的创新天性都能最大限度地展现出来吗？难道不正在于使每一个学生的创新

> **教育的使命**
> 每位学生展现创新天性
> 每位学生表现创新欲望
> 每位学生发挥创新潜能

欲望都能最大限度地表现出来吗？难道不正在于使每一个学生的创新潜能都能最大限度地发挥出来吗？难道不正在于使得每一个学生日后都能成为敢于探索真理、勇于建构环境、乐于奉献社会、善于享受人生的积极公民吗？这些难道不是整个教育都必须贯穿始终的一种魂灵吗？难道不也是任何一个领

域、任何一个学科的教育都必须高高举起的一面旗帜吗？这面旗帜上所书写的最亮眼也最要害的一句话难道不正是"促进学生自由、主动、充分、高效、健康的发展"吗？

因此，所谓创新教育，说一千、道一万，离不开教育的原点，离不开教育的内核，离不开教育的精髓。

也正是在这个意义上，我们不能不佩服陶行知的深刻，不得不承认陶行知的伟大。为什么呢？创新教育和陶行知有什么瓜葛吗？当然有。因为，正是在重庆这个地方，陶行知充满激情地呼喊出了教育的一种最强音，这个最强音就是"处处是创造之地，天天是创造之时，人人是创造之人"。陶行知是真的知道教育的原点在哪里，他努力通过自己的亲身实践，回到教育的原点、抓住教育的内核、体现教育的精髓。他是真正的教育大家，是真正的创新教育大师。在他的"处处、天天、人人"这三个要点当中，我今天集中谈的是"人人"，是面向每一个学生。

> 处处是创造之地
> 天天是创造之时
> 人人是创造之人
> ——陶行知

好，现在我就创新教育的面向问题标题性地重述一下我今天发言的要点。

第一，创新教育的根本目的不在于培养所谓的创新人才，而在于促进所有学生积极主动地发展；第二，创新教育不能只是少数学生专享的发展机会，而应当成为所有学生的成长机遇；第三，创新教育的根本途径在于向学生提供自由、平等、生动而丰富的学习与活动环境；第四，保护创新天性、激发创新欲望、调动创新潜能，这些原本就是教育的题中应有之义，创新教育并不是在教育之外另行添加的一个新品种，创新教育应当就蕴含于教育之中。准确地说，整个教育实际上都应当萌动着创新的欲望，都应当充满创新的活力。

> **创新教育精髓**
> 根本目的　促进所有学生发展
> 根本价值　提供成长发展机遇
> 根本途径　创设自由生动环境

最后，要顺带说明的是，创新教育绝不只是教育自身的事情。当下中国教育的许多问题，从根本上来讲几乎都不是教育自身的问题，而是社会的问题，是社会的政治问题、经济问题、文化问题等等在教育中的反映，是社会的魂灵出了问题、体制出了问题、机制出了问题。我们不可能在与社会隔绝的时空中进行所谓的创新教育,我们的创新教育必须有良好的外部环境。从三十多年来中国教育改革和发展的正反两方面经验来看,我们又不能完全等着别人把这种良好的外部环境完全建设好、改造好之后交付给我们,不会有这种天上掉下来的馅饼给我们吃。因此,我们有必要干预外部环境的建设,有责任参与外部环境的改造。这也是当下中国教育界必须严肃面对、认真思考并积极行动的一个问题。不过,这不是我今天的发言所要完成的任务。我所在的研究团队虽然已经着手探讨这个问题,但要想形成一些心得体会,估计应该是在中共十八大之后了。(笑声)

要不要让学生学会一点"恨"

(2011年5月14日,广州)

各位同人、各位同学:

大家下午好!

本次论坛的主题是"教育与中国未来",但坦率地讲,对于"中国究竟会有一个什么样的未来"这个问题,在今天这样一个处于十字路口的时间点上,恐怕很难有谁能做出比较准确的预测。不过,对于"中国究竟应当有一个什么样的未来"这个问题,每一个爱我们的民族、爱我们自己的人又是可以期盼的,也是可以抱有期待的。有人说,中国在未来十年、二十年里应当成为一个政治强国、军事强国、经济强国等等。这些当然都没有错,但我又觉得,比这一切都更重要的,是中国这个社会本身应该成为一个美好的、正义的社会。从这一点出发,我今天想发言的题目就是《要不要让学生学会一点"恨"》,副标题是"建设正义社会的一个要害性教育问题"。

不用说,教育应当培养学生的爱心,应当使学生学会爱——这在今天已经近乎于常识。对于这个常识,我们找不出任何值得怀疑的理由。道理很简单:一个没有爱心的世界注定会成为霍布斯所说的"丛林世界",成为冷漠、凶残的狼的天下。因此,培育学生的爱心可以说是教育的一个首要主题,也是一个永恒主题。

教育只要使学生学会爱就行了吗?

然而,教育只要使学生学会爱就行了吗?一个真正美好、正义的社会只要有了爱的教育便可实现了吗?

我以为,只要持实事求是的态度,我们就很难对这个问题做出肯定的回答,因为社会现实反反复复告诫我们,这个世界还存在着大量的丑恶、邪恶与罪恶,仅仅凭借爱,还不足以扫除丑恶、铲除邪恶、阻止罪恶,不足以从根本上防止人为悲剧与社会困境的不断发生,因而也就不足以催生一个真正美好、正义的社会。

我们不妨想一想:当我们仅仅具有爱心时,我们可能会十分同情那些无法解决温饱、生活在社会底层的贫困人群,并表达我们对他们的深切关怀,但这样的爱心能确保我们去全力追究那些造成贫富严重不均的无良富豪以及同他们沆瀣一气、贪得无厌的政府官员们应负的责任吗?不一定,因为爱心虽然能引导我们同情与关怀贫困人群,但并不必然具有驱使我们追问真相、扫除丑恶的足够力量,因为产生这样的力量还需要有愤激、愤慨及愤怒。

我们不妨再想一想:当我们仅仅具有爱心时,我们可能会十分同情那些悲痛欲绝、家破人亡的矿难家属,并表达我们对他们的真切牵挂,但这样的爱心能确保我们去全力迫使那些把矿工生命当儿戏、为降低生产成本而拒绝提供起码安全条件的黑心肠煤矿老板们为此付出应有代价吗?不一定,因为爱心虽然能引导我们同情与牵挂矿难家属,但并不必然具有驱使我们不畏权势、铲除邪恶的足够力量,因此产生这样的力量同样需要有愤激、愤慨及愤怒。

我们还可以再想一下:当我们仅仅具有爱心时,我们可能会十分同情那些在光天化日之下受到不法分子暴力伤害的无辜群众,并表达我们对他们的亲切慰问,但这样的爱心能确保我们在能

> **假如仅仅具有爱心**
> 未必会追问真相扫除丑恶
> 未必会不畏权势铲除邪恶
> 未必会挺身而出阻止罪恶

力允许的情况下见义勇为吗？不一定,因为爱心虽然能引导我们同情与慰问无辜受害群众,但并不必然具有驱使我们挺身而出、阻止罪恶的足够力量,因此产生这样的力量更需要有愤激、愤慨及愤怒。

也就是说,爱的作用其实并不像人们迄今为止通常认为的那样无边无际,而是有它的限度。爱虽然可以赋予贫困者、受难者及受害者以巨大的力量,可以给他们带来心灵上的慰藉、物质上的帮助以及生活下去的勇气,却不能构成对于那些贪得无厌者、巧取豪夺者、昧心剥削者、肆意欺压者以及滥杀无辜者们的巨大威慑力量,甚至基本没有威慑力量。既然没有威慑力量,那么,这些贪得无厌者、巧取豪夺者、昧心剥削者、肆意欺压者以及滥杀无辜者便依然会我行我素,继续给社会带来混乱与痛苦。换句话来说,爱可以扬善,却难以止恶。当然,我说的是普遍现象,而不是某些个案。

于是,我们便可看到迥然相异的两种现象同时并存。一方面,日常生活中的爱心行为层出不穷,任何时候都会有很多人加入到帮助他人、奉献爱心的队伍中来。尤其是当大的自然灾害、安全事故出现时,更是如此。其时其地,人与人之间相互关心、相互谦让、相互帮助的场景,时时让人感动。但另一方面,社会中的丑恶、邪恶及罪恶的行径却并未因这些爱心行为而有任何的减少与减弱,这些丑恶、邪恶及罪恶的行径甚至呈现出数量有增无减、严重程度愈演愈烈之势。相信这是我们大家很不情愿承认但又不得不承认的一个严峻事实。

教育也要让学生学会一点"恨"

毫无疑问,建设一个真正美好、正义的社会,不仅需要对贫困者、受难者、受害者予以真切的同情、关怀及帮助,而且需要对贪婪、欺压、施暴之类危害他人及公众利益的丑陋行径予以坚决的谴责、阻止及惩罚。我以为,如果说前者——也就是同情、关怀及帮助——需要诉诸"爱"的话,那么,后者——也就是谴责、阻止及惩罚——就不得不仰仗于"恨"。这是同一件事情的两个方面,缺一不可。这"同一件事情"便是建设一个真正

> **爱与恨的作用**
> 同情、关怀、帮助
> ——诉诸"爱"
> 谴责、阻止、惩罚
> ——诉诸"恨"

美好、正义的社会。没有足够的"爱",这世界便会缺少温情、缺少温暖、缺少温馨,弱者便难以生存。而没有必要的"恨",这世界便会缺少愤激、缺少愤慨、缺少愤怒,丑恶、邪恶及罪恶的行径便会肆无忌惮,且这些行径对弱者造成的伤害远非"爱"的同情、关怀及帮助所可消解。

当然,需要特别指出的是,千万不要在"结仇积怨"的意义上来解读这里所说的"恨"。这里所说的恨不是"仇恨"的恨、不是"嫉恨"的恨、不是"怨恨"的恨,而是"痛恨"的恨,是对于缺乏人性、缺乏良知、缺乏道

> "痛恨"的恨
> 不是"仇恨"的恨
> 不是"嫉恨"的恨
> 不是"怨恨"的恨

德的一切丑陋行径的深切愤恨。有了这种"恨",在危及社会公平、正义及和谐的种种丑恶、邪恶及罪恶的行径面前,才会有横眉冷对,才会有拂袖而去,才会有拍案而起,才会有义正词严,才会有挺身而出,才会有见义勇为。统治阶层切实有了这种"恨",才有可能不遗余力地建立健全并非形同虚设的各种法律法规,随时随地毫不留情地打击形形色色的丑恶、邪恶及罪恶行径,绝不姑息养奸;社会成员普遍有了这种"恨",才有可能随时随地采取与丑陋行径针锋相对的合法行动,使得已经出现的和可能出现的贪得无厌者、巧取豪夺者、昧心剥削者、肆意欺压者以及滥杀无辜者等等时时处于老鼠过街人人喊打的强大威慑力量包围之中。

这样的"恨",难道不是建设一个真正美好、正义的社会所必需的吗?难道我们感觉不到,"官员不再忠诚、工人不再勤恳、农民不再朴实、教师放弃了尊严、学生没有了激情"(《留学生新闻》2010年5月1日)的现象在我们的社会中有蔓延之势吗?难道我们感觉不到,在我们的社会中,上面提到的横眉冷对、拂袖而去、拍案而起、义正词严、挺身而出、见义勇为等等不是太少了一点吗?有鉴于此,我们的教育难道不应当在使学生学会"爱"的同时,也要使学生学会一点"恨"吗?

在这个意义上,也仅仅在这个意义上,我似乎可以借用一下周恩来在1963年3月6日给雷锋的题词中的一个成语来表达当下中国教育的一项有张力的任务,即我们的教育应当使学生学会"憎爱分明"。当然,周恩来的题词中说的是"憎爱分明的阶级立场",憎恨的对象是人、是阶级,我这里所说的"恨"的对

象是丑恶、邪恶及罪恶的行径。在我看来,如果我们的教育不使学生学会一点"恨"的话,如果我们的未来一代将来离开学校、走上社会后,对于缺乏人性、缺乏良知、缺乏道德的丑恶、邪恶及罪恶行径毫无愤恨、熟视无睹的话,那么,我们的社会就依然不会形成对于丑恶、邪恶及罪恶行径的巨大威慑力量,这些行径便依然会肆无忌惮,依然会"前赴后继",依然会愈演愈烈。作为其必然结果,贫困者、受难者、受害者也就依然会源源不断地产生出来。这意味着,如果我们的教育不使学生学会一点"恨"的话,那么,我们今天在这里高谈阔论的种种战略、策略等等,恐怕也不会有多大成效。我们的社会也就很难说有多么美好的未来。

在这个意义上,也仅仅在这个意义上,我似乎可以套用一下被称为"最后的儒家"的梁漱溟的父亲梁济提出的那个经典性问题的句式来提一个问题。当年梁济向梁漱溟提出的问题是:这个世界会好吗?我的问题是:如果我们的教育不使学生在学会爱的同时,也学会一点"恨"的话,这个世界会好吗?

要不要让学生学会一点"恨",这是事关建设真正美好、正义社会的一个要害性问题,是教育的取向与原则问题。至于如何让学生在学会"爱"的同时也学会一点"恨",则是一个教育的方式与艺术问题。我的这个发言针对的是取向与原则问题,至于方式与艺术问题,当另寻机会专门探讨。

学生发展需要什么样的班级

（2012年11月28日，扬州）

各位班主任老师，各位同人：

××老师要我来讲一讲班级建设，我是既不敢来讲，又很想来讲。

为什么不敢来讲呢？是因为虽然我早在二十五年前就和南京师大课题组的几位青年教师一起，在无锡的一所中学里进行过关于班集体建设的实验研究，搞了三年，其中有整整一年的时间就住在学校的教学楼一楼中间楼梯旁的一个杂物间里（那也是我回国后进行的第一项课题研究，当时在座的唐云增老师所在的无锡市教科所给了我们很多帮助）。但后来基本上没有再专门地关注过班集体建设问题，对班集体建设研究的最新进展也不太了解，本来就少得可怜的有关班集体建设的一些理论知识也渐渐地生疏了。所以，怎么敢在各位班主任老师、班集体建设专家面前胡说八道呢？

那为什么又很想来讲呢?是因为自己毕竟没有与世隔绝,从和中小学校长、教师们不时的交流、座谈过程中,从各种纸质媒体和电子媒体的新闻报道、事件评论中,以及从和同事、朋友们的一些闲聊中,对于如今学校班级建设的状况还是常有所闻的,而且,毕竟也搞过三年的班集体建设研究,所以,每当有所听闻,自觉地不自觉地也还是会有所思考。我的总体感觉是,当下我国中小学的班级建设,问题不少,挑战很大。所以,××老师要我来讲,我觉得倒是可以借这个机会梳理一下自己的认识,向各位老师和专家汇报并请教。

我觉得班级建设在今天依然很重要,在谈论"学生发展需要什么样的班级"之前,还是要先简单谈一谈"班级对于学生发展到底有什么用"的问题。

这个问题在今天,其实是和"信息化社会中学校教育到底还有什么用"的问题联系在一起的,或者说也是这个问题的一部分。我们知道,随着信息化,尤其是网络的迅猛发展,许多人就觉得,学校向学生提供的几乎所有学习资源、向学生传递的几乎所有教育知识,现在都能上网搜寻得到,而且,网络所提供的学习资源和教育知识要比学校所提供的学习资源和教育知识远远丰富得多、多样得多、生动得多,更重要的是,网络可以把过去只有少数学生才能享有的优质学习资源和教育知识集中起来、组织起来,随时随地提供给任何一个需要学习的人。因此,在信息化,尤其是网络化时代,人们就可以通过网络去获取各种各样的资源,学习各种各样的知识,人人都可以享有平等的获取机会和学习机会。既然如此,学校教育也就没有多少存在的价值了,课堂教学这样的教学制度和组织形式也就没有什么存在价值了,至少是可有可无了。同样的道理,班级这样一种学生的学习组织也就没有什么存在的必要了。

我不知道各位老师对这种观点怎么看。我个人觉得,这种观点是偏激的、肤浅的。这里,我只能就信息化、网络化社会的发展是不是真的让班级这样的学习组织变得没有存在的必要这个问题简单谈一点自己的看法。

这就不能不说到班级究竟是如何产生的。我们知道,班级并不是和教育一起诞生的,它是随着资本主义工商业的发展对于扩大教育对象规模的需要而产生的。16 世纪时出现了班级教学的尝试,17 世纪时捷克斯洛伐克的大教育家夸美纽斯创立了班级授课制。他的一个经典性的说法就是"十几个、几十个学生组成班级进行教学,可以使得一个教室能够同时教几十个学生"。也就是说,班级授课制这样一种教学组织形式、班级这样一种学习组织,当初是为了适应扩大学生规模的需要、为了提高教学效率而创建的。

后来,随着学校教育的进一步发展,人们发现,把几十个学生组成一个班级,不光能提高教学效率,解决教师资源不足的问题,而且对于班级中的成员,也就是学生的心理发展和社会性发展也有着重要影响。一个学生在班级中的行为和他个人独处时的行为常常是不一样的。如果一个班级的总体氛围是相互理解、相互欣赏、相互信任、相互友爱的话,那么,生活在这个班级中的学生就很容易形成阳光的、健康的人格。如果一个班级的总体氛围是以己为重、互不关心、各行其是、一盘散沙的话,那么,生活在这个班级中的学生就很容易形成冷漠的、消极的人格。而一个班级的总体氛围如果是相互鄙视、相互猜疑、相互嫉恨、相互拆台的话,那么,生活在这个班级中的学生就很容易形成阴暗的、扭曲的人格。

其实,一个班级即便什么活动也没在进行的时候,譬如,全班学生都在自习,没有交头接耳,没有大声喧哗,即便在这种情况下,处于其中的学生的心理状态和行为举止也不会同他们个人独处时完全一样,他不会是想笑就笑、想哭就哭的,不会是想把脚跷到桌子上就抬起腿来的,不会是想高歌一曲就亮开嗓门的。他可能不得不顾虑其他同学的反应,不得不考虑自己的言行举止是否会有助于提升、改变或者维护自己的已有形象。

因此,如果说促进学生的人格与个性的成长、促进学生的社会性发展本来就是教育的一项基本任务的话,那么,班级生活就成了一个必不可少的途径。可以说,苏联的马卡连柯可能是最早、最深刻地认识到了这一点。他有一句关于班级的重要性的名言,就是"在集体中进行教育,利用集体进行教育"。在马卡连柯那里,已经不只是把班级看成一种"集体环境"的背景,而是把它作为一种需要主动利用、用心建构的积极的教育力量。

> **班级存在的理由**
> 提高教育教学活动的效率
> 为学生发展提供集体环境

这样来看的话,不管信息化、网络化怎么迅猛发展,不管学生可以从学校之外获取到多少学习资源,可以在网上进行多么高效的自主学习,但这些都取代不了学生与学生之间直接的、面对面的同辈交往、同辈互动,获取不到这种直接的、面对面的同辈交往对于学生的人格与个性成长、对于学生的社会性发展所可产生的作用。这应该是一个近乎常识的道理,我不知道那些认为信息化、网络化时代学校教育已经没有多少存在价值、班级已经没有多少存在必要的人为什么对于这个近乎常识的道理避而不谈。

好,现在我们就来看一看学生的发展应当是什么样的发展,学生的发展需要的是什么样的班级。

学生自由地发展需要包容的班级

我认为,学生的发展首先应当是一种"自由地发展",这种自由地发展需要的是一种"包容的班级"。

班级是什么?班级当然是一种群体。但是它和电影院里的一群观众、街头围观斗殴的一群行人之类的群体是不一样的。班级是一种有组织的群体,是为了促进学生发展这样一个教育目标而特地组织起来的正式群体。所以,班级也是一种正式组织。

既然是正式组织,那总得有一些规范,总得对这个组织中的成员——也就是学生——的言行有所约束。当然,因为绝大部分学生都是未成年人,小学生还是儿童,所以我们对于学生的言行的约束就不能像对待成年人那样严格。但是刚才我也谈到了,学生在班级中肯定是不能想说什么就说什么、想干什么就干什么的。儿童在家里面可以把脚跷到桌子上、跷到天上,但学生在班级里、在课堂中就不能这样。其实,在任何一个群体环境中生活,个人都不能完全由着自己的性子来,由着自己的喜好来。

但是,从学生发展的角度来看,班级规范的目的难道只是为了约束学生而约束学生吗?在我看来,完全不是,而且恰恰相反!从学生发展的角度来看,班级规范的作用其实只是规定了一条道德的底线。这个道德底线告诉学生的是:不管你说什么、做什么,不管你怎么表达自己、展现自己,你都应当尊重他人,而不

> **班级规范**
> 约束任性言行
> 保护共同自由

要伤害他人、妨碍他人。只是在这个前提下,你才可以充分地表达自己、展现自己,并因此而发展自己。

这样一条道德底线是很合理的,因为如果你不尊重他人,常常伤害他人、妨碍他人,那么,你迟早会受到来自他人甚至来自群体的抵制和反击,最终的结果肯定是你在班级中表达自己、展现自己并因此而发展自己的空间反过来也会受到挤压。这里的关系是辩证的。所以,在这个意义上,我们说班级规范的最终作用恰恰在于保护学生的共同自由发展。

不过,我这里想强调的倒不是"规范",而是"自由",是在遵守一定的规范前提下的充分的自由。我们现在不是动不动就喜欢讲"创新"吗?好像创新是十分轻而易举的事情似的。其实,创新是要有一系列条件的,其中的一个首要的前提性条件就是自由。任何的真正意义上的创新,都是自由的产物,是自由思想、自由想象、自由建构的产物,因为所谓的创新,也就是要不满足于现实、不恐惧于权威、不拘泥于常规,而这些,都是和"自由"紧紧联系在一起的。

创新并不只是成年人的事情,而且也是学生需要学习和体验的。总不能说一个人在他的整个受教育阶段对于"创新"这件事没有任何的感受、任何的实践、任何的体验,然后走出学校进入社会就变得敢于创新、善于创新了吧!这是不符合逻辑,也不符合常识的。我们现在经常讲要培养创新人才,尤其是在高等教育界,创新人才培养几乎成了人们的一个口头禅,也成了一块心病。其实,到了大学阶段才重视所谓的创新教育,才强调要培养学生的创新意识和创新能力,那就已经为时太晚了。一点也不夸张地说,创新意识和创新能力的培养应当从中小学甚至从幼儿园阶段就开始进行。这并不比登天还难,因为创新意识和创新能力的所谓"培养",从根本上来讲并不是一个一二三四五地手把手地去"教"的问题,而是一个"保护"的问题,是提供一种包容的环境,让学生自由地发展、充分地展现,从而使得他的创新意识和创新潜能蓬蓬勃勃、最大限度地发挥出来的问题!

为什么这样讲呢?因为日常生活中的大量的经验事实告诉我们,我们人的天性当中原本就有一种创新的倾向,就有创新的潜能;关于儿童

> **自由地发展**
> 发展的程度　　发展的可能
> 个人发展与发展可能的关系

的一些心理学实验，也证明了这一点。只不过随着人的不断长大，在现实的体制、制度、文化以及各种各样的权威的不断的规限下、制约下乃至压迫下，我们不自由、我们太谨慎、我们甚至太恐惧，所以使得我们的创新意识被压抑了，我们的创新潜能被压制了，我们变得越来越不敢创新了，也越来越不想创新了。慢慢地、渐渐地，我们也就不会创新了。

既然人原本就有创新的天性和潜能，那么，教育的一个基本使命，就是要构建一种包容的发展环境，让学生在这个环境中自由地发展自己，充分地彰显自己的创新天性，尽情地发挥自己的创新潜能。而班级，就应当是这种包容的发展环境的一个组成部分。因此，从学生的自由地发展的角度来看，我们所需要的班级，准确地说是学生发展所需要的班级，就应当是一种包容的班级。

我觉得，包容的班级至少有三层含义。

第一，包容的班级意味着宽松，并因此而产生灵动。

在包容的班级里，只要尊重别人、不伤害别人、不妨碍别人，就可以让学生自由地思维、自由地想象、自由地表达、自由地行动。而且，我认为作为包容的班级的一条规范，甚至应当明确地鼓励学生去自由地思维、自由地想象、自由地表达、自由地行动。在我看来，所谓的规范，并不只是由各种各样的"禁止"、一系列的"不准"所构成的，它还应当包括一系列的提倡、一系列的推崇。学生能够自由思维了、自由想象了、自由表达了、自由行动了，他就能够充分发展自己了，他的创新意识就会无时不在、无处不在了，他的创新潜能就会随时显现、随处显现了。

陶行知有一句名言："处处是创造之地，天天是创造之时，人人是创造之人。"真是说得太好了，太到位了。怎么才能做到处处可以创造、天天可以创造、人人可以创造？一个必不可少的前提，还是包容的环境，是对自由起保护作用的包容的环境。

而且，特别重要的一点是，当学生能够自由思维、自由想象、自由表达、自由行动时，他就能够更多地发现真理、更好地坚持真理。这对于我们这个国家、我们这个中华民族来说，又是何等重要！如果我们的学生将来都不仅成为知识创新者、技术创新者、制度创新者,而且成为真理探寻者、真理发现者、真理坚持者,那么,我们这个国家、我们这个中华民族还能没有希望吗?

如果不是这样的话,如果作为学生同辈人,自己所在群体的班级对于它的成员们的自由思维、自由想象、自由表达、自由行动都不能起到一点保护作用,甚至在某种程度上还成为压制自由思维、妨碍自由想象、禁止自由表达、处罚自由行动的帮凶的话,那还要这种班级做什么?这样的班级对于学生的发展来说还有什么存在的价值?这样的班级不是反而成了一种反儿童、反教育的组织了吗?

当然,在班级规范当中,对于鼓励学生自由思维、自由想象、自由表达、自由行动应当有哪些具体内容?应当如何表达?这是需要班主任老师们动点脑筋、引导学生去制定的。请注意,我这里说的不是班主任制定班级规范,而是班主任引导学生去制定。就我自己来讲,如果我当班主任的话,我肯定不会代替学生制定不是我的而是他们的班级规范,我会引导学生制定属于他们的班级规范,引导学生在班级规范中放进鼓励全班同学自由发展这样的内容。当然,这是要在尊重他人的前提下。

第二,包容的班级意味着轻松,并因此而形成多样。

这是和刚才讲的第一点联系在一起的。在一个自由的班级里,由于学生可以自由思维、自由想象、自由表达、自由行动,而且班级规范也明确鼓励这些自由,所以,学生就完全不用担心自己的言行会被扣帽子、打棍子,既不用担心会因为有什么出格的言行而遭到"政治批判",也不用担心因为有什么出格的言行而受到道德谴责,而且不用担心因为有什么不合别人口味的个人习惯而受到文化歧视。

各位老师,千万不要以为扣帽子、打棍子、政治批判、道德谴责、文化歧视等等只是我们成人社会中才有的现象,其实在学生中、在班级中也同样会存在,只不过没有成人社会那么普遍、那么严重而已。可以说,当一个学生以一种严肃的口吻斥责另一个学生,说他

> **自由地发展需要包容的班级**
> 宽松——产生灵动
> 轻松——形成多样
> 放松——带来快乐

"不爱国"的时候，这在许多情况下其实就带有一种政治批判的味道，或者说带有一种近乎政治批判的色彩；当一个学生以一种厌恶的口吻评价另一个学生，说他"真不要脸"的时候，这其实就带有一种道德谴责的味道，或者说带有一种近乎道德谴责的色彩；当一个学生以一种不屑的口吻谈论另一个学生，说他"土里吧唧"的时候，这其实就带有一种文化歧视的味道，或者说带有一种近乎文化歧视的色彩。

而在一个包容的班级里，就不会有这样的政治批判，不会有这样的道德谴责，不会有这样的文化歧视。既然不会有，既然不用担心会被扣帽子、打棍子，那么，学生就不会感到紧张、焦虑、不安甚至恐惧，就会感到轻松，就可以进行自由自在的讨论、碰撞、争辩。这种自由自在的讨论、碰撞、争辩，反过来又会进一步激发自由的思维、自由的想象、自由的表达、自由的行动。

第三，包容的班级意味着放松，并因此而带来快乐。

这是上面讲的第一点和第二点所带来的一种必然结果。在宽松的环境中，在轻松的氛围中，学生的身心状态就会十分的自然、十分的舒展、十分的放松。身心一自然、一舒展、一放松，学生们就会远离愁眉苦脸、远离有气无力、远离自我封闭，班级中就会充满鲜活的身姿，充满惬意的脸庞，充满欢快的笑声。这些，就不多讲了。

学生自尊地发展需要平等的班级

刚才讲学生自由地发展，是从学生发展的充分性的角度、从学生发展的最大可能的角度来思考的。我想强调的是，你让学生自由地发展了，学生的发展就会充分了，学生原本就蕴藏着的创造的天性、创造的潜能就有可能最大限度地发挥出来了。因此，学生的自由地发展需要一个包容的班级。

现在我要换一个角度，要从学生发展的权利、学生发展的尊严的角度来谈。我想强调的是，发展是每一个学生都应当具有的权利，是每

> **自尊地发展**
> 发展的权利　　发展的尊严
> 自身发展与他人发展的关系

一个学生都应当拥有的尊严。也就是说,学生的发展应当是很有自尊的。我觉得,在这一点上,需要特别留意的是,从权利和尊严的角度来看,所谓学生的发展,就不能只是少数学生的发展,而应当是所有学生的发展,尤其是不能把少数学生的发展建立在牺牲大多数学生发展的基础之上。

这就不能不谈一下学生发展的机会问题了。只要回想学校中的日常生活场景,你恐怕就不能不承认,在我们的学校中,学生与学生之间在发展的机会方面常常是存在差异的,这种差异有时还会很大。

学校可以提供给学生的发展机会很多。宽泛地讲,学校教育的几乎所有活动、所有事项,都有可能成为学生发展的机会。就拿班级生活来说吧,担任班干部、领导或者管理班级事务,就是学生发展的一种重要机会,因为学生通过担任班干部、通过领导或管理班级事务,可以形成全局意识、整体意识、共赢意识,可以锻炼自己的策划能力、组织能力、协调能力。这方面的例子很多,不少人之所以在走出校门进入社会之后显示出良好的领导才能或者管理才能,同他们在学生时代担任过班干部、有过领导或者管理班级事务的经验有很大关系。

如果是这样的话,那么,让学生有机会担任一下班干部、让他们有机会经历一下领导或者管理班级事务的实践,那就不能是教师想把机会给谁就给谁了,而是应当让所有学生都能有这种机会了。换句话来讲,学生担任班干部、参加领导或者管理班级事务,这从根本上来说,并不是一个教师的权力行使问题,而是学生的权利享有问题。

难道不是这样吗? 这是在促进学生发展问题上必须遵循的一个逻辑。只要我们站在学生发展的立场上来思考问题,那么,这里的逻辑就非常清楚。什么逻辑呢? 这就是:学生是一个学习者,学生需要进行各种各样的学习,其中也就包括了对于策划技能、组织技能、协调技能的学习。学生需要通过担任班干部、通过从事领导或者管理班级的具体实践来学习这些技能。学生应当拥有进行这些学习的权利,应当享有进行这些学习的机会。如果你承认是这样一种逻辑的话,你会说只有一部分学生应当学习这些技能,而另一部分学生就不必进行这样的学习了吗?

这就是之所以不能长期只让少数学生来担任班干部的理由。因为,按照我刚才讲的逻辑,如果班干部只是由少数学生长期担任的话,那就在实际上剥夺了大多数学生扮演领导角色或管理角色的机会。这种状况长期下去,就会在班级这个学生小社会中出现一种不平等的"社会结构"。在这个社会结构中,就有了"干部学生"和"群众学生"的等级区分;在干部学生中,又有了班长、班委及小组长之类的层次区分。于是,一种金字塔型或类似于金字塔型的阶层结构就"诞生"了。这不是一件很可怕的事情吗?因为它会导致班级产生一种负向功能。什么负向功能呢?这就是:在原本具有同等社会身份的学生中间也制造出了地位差异、阶层差异!

我们常常讲社会不平等、社会不平等,好像只是在学校之外的成人社会中存在的不平等才是社会不平等。其实,班级本身也是一个小社会,尽管它是一种特殊的小社会,在班级这个小社会中发生的不平等也是一种社会不平等。而这种小社会中的不平等,其实也是将来的成人大社会中的不平等的一种教育根源。

因此,这样一种长期稳定的不平等班级社会结构的存在本身,实际上就成了对于没有机会担任班干部的大多数"群众学生"的一种否定!这里所体现的还是一个简单的逻辑。有一位哲学家说得好:你重视着什么、强调着什么,你就不可避免地会在同时忽视了什么、撇开了什么。在一个群体中,你肯定着一部分人,把机会都赋予这部分人,它的实际影响至少是在客观上否定了另一部分人,剥夺了另一部分人的机会。所以,一种长期稳定的不平等班级社会结构的存在,会在实际上造成对大多数学生的一种否定,会伤害大多数群众学生的自尊。这大多数群众学生往往是整个小学六年期间、整个初中三年或者整个高中三年期间,在班级这个小社会中一直都是"平民老百姓",一直都处于被领导、被指挥、被支配、被要求的地位,一直都生活在班级社会结构的底层或者边缘。也就是说,在发展自己的策划能力、组织能力、协调能力方面,他们从来也没有被赋予过相应的机会,他们在班级中不具有本来应有的尊严。

可是,这大多数群众学生也不会总是甘于"俯首称臣"的,不会总是甘于言听计从的,他们在内心里总会有不愿、总会有不服、总会有不满的。他们觉得:

凭什么总是由你们几个人领导我们、对我们指手画脚呢？为什么我们就不行呢？他们其实也想尝试一下，也想展现自己、证明自己。他们要争取属于他们的那份权利，他们要找回属于自己的那份尊严，他们需要的是自尊地发展。当然，如果班主任十分强调自己的权威，对班级实施强力控制的话，这些群众学生争取权利的努力、找回尊严的努力通常也不会有什么结果。但即便如此，他们也不会闲着，他们会通过沉默、敷衍、阳奉阴违、拒绝合作甚至公开反抗等等明里暗里的各种方式，来干扰、抵制班干部的领导或者管理，让这些干部学生难办，让他们难受，让他们难堪。

结果，这样一种长期稳定的不平等班级社会结构的存在本身，常常也就成为群众学生和干部学生发生冲突的一种来源。我们常常讲社会冲突、社会冲突，好像只是在学校之外的社会中发生的冲突才是社会冲突。其实，在班级这个小社会中发生的冲突也是一种社会冲突，是社会冲突的一种。同样的道理，班级小社会中的冲突也是将来的成人大社会中的冲突的一种教育根源。

当然，这里所讲的不平等的班级社会结构作为一种比较普遍的现象，是在十多年前、二十多年前，现在许多学校已经不是这样一种状况了，或者已经不完全是这样了。而我在这里讲这些，也是想为许多学校这些年来所采取的班干部角色多样化、轮值化的做法做一点辩护。我们知道，正是因为认识到班干部长期由少数学生担任这种做法的弊端，所以从20世纪90年代以来，尤其是90年代后半期以来，许多学校在班级管理角色的设置、产生和担任方面，都进行了种种尝试，基本的做法就是在班干部的设置上通过添加种类来增加数量，在班干部的产生上通过选举来体现学生的民意，在班干部的担任方面则通过轮流坐庄来体现公平。

譬如，2006年，广州市就有小学大幅度增加了班级干部种类和数量，一个班级四十一名学生中，二十多名都是各个岗位上的班级管理角色，管理角色的岗位甚至有"灯管员""桌椅管理员""电化管理员""绿化管理员""饮水机管理员"等等。

今年（2012年）10月10号的《中国青年报》报道，长沙市天心区青园小学二年级二班，六十一名学生，六十一名班干，人人都是班干。为了淡化"官僚意识",班主任甚至干脆取消了固定的"班长"职务,改为按学号轮换。

这些做法大多都是借鉴国外学校的一些经验。我本人在20世纪80年代后期也曾介绍和呼吁借鉴日本学校中班级管理角色的设置、产生和担任方面的一些做法,对我国中小学班级的社会结构进行根本性的改造。

当然,现有的许多尝试还有一些不完善之处,但增加班级中的"干部"的种类和数量、选举产生及轮流担任等等做法应当说是符合班级改造的大方向的,是合理的。合理就合理在至少让所有学生都有了担任班干部的机会,合理就合理在学生在班级社会结构中不再有三六九等的区分,合理就合理在学生在班级这个小社会中能够有尊严地发展、自尊地发展。

但这样一种做法也受到不少人的质疑。这当中最大的质疑就是:学生的天赋有好有差,能力有强有弱,有些学生根本没有管理能力,他连自己都管不好,大庭广众下连话都说不了,怎么能去领导或管理一个班级呢?让这些学生来领导班级、管理班级,让他们去策划、组织与协调,肯定是乱七八糟、效率低下,还会影响到班级活动的有序性和高效性。因此,还是应当让那些能力强的学生来担任班级中的干部角色。

这样的质疑听起来不无道理,但其实大错特错!我认为,持这种观点的人完全没有看到班级这种由学生组成的学习组织和成人社会中的许多工作组织之间在存在价值上的根本不同。

成人社会中为什么要设置那么多的工作组织呢?很显然,它首先并不是为了组织的成员自身发展,而是为了满足组织外部的需求。比如,社会之所以要设立医院,首先当然不是为了促进医生的发展,而是因为社会中有那么多的患者需要医治。又比如,社会之所以要设立工厂,首先当然不是为了促进工人的发展,而是因为社会需要生产相应的产品。再比如,社会之所以要设立科研机构,首先当然也不是为了促进研究人员的发展,而是因为社会的生存和发展需要通过研究来发现新原理、发明新技术。

因此,对于成人社会中的许多工作组织来说,活动的有序性、高效性可以说是一个基本的判断标准。用这条标准来衡量,领导或者管理这些工作组织就不是什么人都可以的了,而是需要有一定的能力条件。要不然,这些工作组织的运转就会像一团乱麻、杂乱无章,完不成工作任务——医院就很难持续不断地向患者提供良好的医疗服务,工厂就很难持续不断地生产高质量的产品,科研机构就很难持续不断地取得丰硕的研究成果。

可是,学校中的班级就完全不一样了。作为由学生组成的一种学习组织,班级的存在价值首先是为了促进班级中每一个学生的发展。也就是说,在今天,班级就是为了促进学生的发展而特地组织起来的,班级中的一切活动,都应当有利于学生发展,而不是相反。班级中的干部角色的设置、产生以及担任等等,同样不能例外。这就不能完全按照是否具有组织能力、沟通能力及协调能力来决定谁可以担任、谁不可以担任了,因为让学生锻炼这些能力恰恰是班级这种学习组织应当具有的功能。在这个意义上,我们说班级在任何时候都应当成为班级中所有学生的一个锻炼场所、一块实训基地、一种发展中心。

> **活 动 要 求**
> 成人组织:保证效率为先
> 学生组织:促进发展为本

既然是为了"所有学生",那么,它的准则就是"平等"。因此,从促进学生发展的角度来看,我们所需要的班级,准确地说是学生自尊地发展所需要的班级,应当是一种平等的班级。

我觉得,平等的班级至少有利于以下三点。

第一,平等的班级有利于互动,并因此而促进沟通。

在一个平等的班级中,学生之间的互动一定是比较频繁的、相互促进的。当然,在不平等的班级中,学生之间并不是没有互动,但是因为学生之间在班级社会结构中占有的地位是不平等的,在可享有的机会上也是不平等的。所以,在这种班级中,学生之间一定会存在着"我们"和"你们"、"我们"和"他们"的边界划分。而在"我们"和"你们"、"我们"和"他们"之间的互动中,有许多都是指责性的、争夺性的、对立性的甚至"斗争"性的。而在一个平等的班级中,因为所有学生都有机会领导或者管理班级,所有学生都有机会对整个班级或者班级的某一方面的活动进行策划、组织、协调,这段时间里是你

> **不平等班级中的互动**
> "我们"和"你们"
> "我们"和"他们"

领导我,下段时间里就是我领导你,即便在同一段时间里,也可能是你在这一方面领导我,而我则在另一方面领导你。这就弱化了所谓的"领导"与"被领导"的地位差距。所以,学生相互之间就不会有多少明显的社会距离感、文化异类感以及心理隔阂感,不会因为这些社会距离、文化异类以及心理隔阂而导致全班学生有意无意地形成"我们"和"你们",或者"我们"和"他们"的区别。

因此,在平等的班级中,学生之间的互动相对来讲就比较容易积极主动,比较容易心平气和,比较容易实事求是,也比较容易合理应对。这样的互动当然就容易促进学生之间的顺畅沟通,能顺畅沟通,也就能比较容易做到相互了解、相互理解。这也就为我们许多中小学喜欢放在嘴边讲的"班级文化建设"提供了一种交往的基础。文化建设是需要有基础的。什么基础呢?这就是相互了解、相互理解。相互了解和相互理解的前提是要进行沟通,而要沟通就得进行互动。没有互动,沟通无从谈起。而且,必须是积极主动的互动、心平气和的互动、实事求是的互动、合理应对的互动。所有这些,都有赖于班级中的平等,只有在平等的班级中,才会有平等的、积极的互动,才能有顺畅的沟通,才会促进相互理解。

第二,平等的班级有利于互补,并因此而推动整合。

我们知道,学生之间存在着许多差异,性格方面的、智能结构方面的、家庭背景方面的、知识基础方面的、学业成绩方面的,等等。当这些差异十分明显的时候,往往会影响学生之间的相互接近和相互欣赏,甚至可能会成为导致学生之间发生矛盾和冲突的影响因素。

譬如,在性格外向的学生与性格内向的学生之间,在语言智能强而逻辑智能弱的学生和语言智能弱但逻辑智能强的学生之间,在家长是IT精英的学生和家长是农民工的学生之间,在知识面较宽但钻研不深的学生和知识面狭窄但钻研较深的学生之间,就不太容易相互接近,相互欣赏。在一个不平等的班级里,这些差异对于学生人际关系的负面作用会被不合适地放大或者强化,结果使得这些差异更加容易阻碍学生之间的相互接近和相互欣赏,更加容易导致学生之间相互划界、相互疏离。

而在平等的班级中,由于班级中管理角色的种类多、数量多,几乎可以做到全班学生在同一个时段里都能担任某种管理角色,且轮流担任不同的管理角色,这就大大缩小了学生之间的社会距离,这就比较有利于防止或者减少学生之间由于性格、智能结构、家庭背景、知识基础、学业成绩等方面的差异而产生心理隔阂,有利于在学生之间形成一种互补。

这话怎么讲呢?也就是说,在一个平等的班级里,性格外向的学生与性格内向的学生有可能更多地相互接近、相互欣赏,性格外向的学生的直率、开朗和性格内向的学生的内敛、沉静之间可以形成互补;语言智能强的学生和逻辑智能强的学生有可能更多地相互接近、相互欣赏,语言智能强的学生的丰富、灵动和逻辑智能强的学生的严谨、缜密之间可以形成互补;家长是IT精英的学生和家长是农民工的学生也有可能更多地相互接近、相互欣赏,家长是IT精英的学生的开阔、开放和家长是农民工的学生的节俭、耐劳之间可以形成互补,等等。当然,这些都是就通常情况来说的。

所以,平等的班级虽然不能消除学生之间的性格差异本身、智能结构差异本身、家庭背景差异本身、知识基础差异本身、学业成绩差异本身,平等的班级也没有这么大的能耐,但是在一个平等的班级中,学生之间由于这些差异而相互划界、相互疏离的可能性会大大地减少。

第三,平等的班级有利于互爱,并因此而实现和谐。

比互动和互补更高的层次是互爱。一旦谈到爱的问题,我觉得还是可以引用一下毛泽东的一句名言:"世界上没有无缘无故的爱,也没有无缘无故的恨!"我绝不否认爱的思想性和道德性,

> **自尊地发展需要平等的班级**
> 互动——促进沟通
> 互补——推动整合
> 互爱——实现和谐

绝不否认爱的境界,而且我也十分欣赏那种大爱无疆的境界。但我更关注的是我们的制度、我们的社会结构能够为人们之间的普遍互爱做些什么。比如,在一个不平等的社会结构里,IT精英怎么可能普遍地关爱农民工?而农民工又怎么可能普遍地关爱IT精英?国企高管怎么可能普遍地关爱失业人员?而失业人员又怎么可能普遍地关爱国企高管?个别案例不是没有,但我们什

么时候都不能用个别案例来强说整体。

类似的问题也可以用来反思我们的班级——在一个不平等的班级里,干部学生怎么可能普遍关爱群众学生?反过来,群众学生怎么可能普遍关爱干部学生?

老师们会不会说,事情哪有你想得这么复杂!学生很单纯的,相互之间的友爱是很容易做到的。真的吗?我不认为是这样,事情不是像你说的这么简单!在一个不平等的班级里,机会、资源、权力等等一直都被赋予了少数干部学生,群众学生在班级生活中长期处于缺少话语权、缺少展示机会的状态,长期处于被领导、被指挥、被要求的状态。在这样的状态下,能完全避免群众学生对干部学生产生"羡慕嫉妒恨"吗?

几年前我曾经发表过一篇随笔,标题就是《"恨"从何生》,我觉得比较能说明问题,不妨念一下。

在一次素质教育研讨会上,一位与会者讲了这样一个故事。

一个小学四年级的学生晚上做完家庭作业后,用纸剪了个小人,然后把它放到脚盆里,一边洗脚,一边狠狠地而又欢快地对着脚盆里的这个小人说:"淹死你!淹死你!看你还神气不神气了!"最后,用脚把这个小人踩到盆底,死死踩住,好长时间也不松开,表现出一种"再踏上一只脚,叫他永世不得翻身"的气概。小孩妈妈看到后便问他这个小人是谁。该小学生说:"这你还不知道啊,就是我们班的×××(班长)呗。"妈妈问他为什么要这样做,该小学生说:"×××太坏了,从一年级到现在一直都是她当班长,动不动就向老师打小报告,我们和她吵架后,老师总是批评我们,护着她,老师在课堂上老是让她发言,我们的手都举酸了,老师也很少叫我们发言。我们恨她!就是恨她!"

于是,这位与会者说,应当在学校中加强爱的教育,要让儿童从小便学会爱人,而不是恨人。

问题恐怕没这么简单。

是的,教育是应当让儿童懂得爱,使他们学会理解别人、同情别人、关心别人、帮助别人。尤其是在阶级斗争已不再成为社会生活主题的当今时代,在力求平等、追求和谐的社会大背景下，教育更是要悉心培育儿童的爱的情怀，而不能让他们在幼小的心灵里埋下恨的种子。可是，这世界上没有无缘无故的爱，也没有无缘无故的恨，既然该小学生已经对他们的班长产生了恨，那么，我们是不是首先得弄清他究竟为什么会产生这种恨呢？

假如该小学生对他妈妈讲的都是实话，那么，他对班长的恨似乎有以下几个原因。

其一，×××从小学一年级起就当班长了，一当就是四年，而且看来还会继续当下去。仅仅是这个事实恐怕就难免让该小学生以及其他同学感到"是可忍孰不可忍"了。一个班级有三四十或四五十个学生，凭什么就只让×××当班长，而且当的是"终身制"班长？难道就不能让其他同学也尝一尝当"领导"的滋味？难道就不能让全班同学轮流"坐庄"？这可不是气话，也不是戏言！要知道，班级与企业、商场或机关是有根本区别的。班级可不是以效率（效益）为先的一种生产（工作）组织，而是以学生发展为本的一种教育组织。班级的最重要的价值其实并不在于提高教学效率，而在于为学生的成长与发展提供一种群体生活环境。你想想，倘若一个儿童在其整个六年的小学生活中始终只是个普通"群众"，连一天的班级乃至小组的"干部"也没有当过，你说他在这样的班级群体中处于一种什么样的"社会地位"，又会有什么样的情感体验？

其二，×××动不动就向老师打小报告。堂堂正正的教育应当让学生学会堂堂正正地做人。在任何组织中，打小报告都是要遭被告者恨的，它对被告者利益的损害以及对组织内部人际关系与心理氛围的负面影响都是不言而喻的。就事论事来说，×××因动不动就向老师打小报告而遭同学恨也是合乎逻辑的。然而，×××为什么会动不动就向老师打小报告呢？假如老师对×××打小报告的行为以适当方式予以漠视、劝阻乃至批评的话，×××还会一而再再而三地"故伎重演"吗？俗话说，一个巴掌拍不响。这里所展开的多半是这样一种格局：老师为了更多地了解班级动态（控制班级），至少在内心里希望×××经常向自己汇报有关情况 → ×××向老师打小报告 → 老师对×××的打小报告行为予以默许乃至鼓励，并以小报告为依据或参考而对班级状况加以判断，继而对有关行为与现象进行评价 → ×××受到激励，继续打小报告 →

老师继续默许或鼓励→×××再度受到激励后更加积极地打小报告……如此便形成了一个"需要"小报告与"提交"小报告循环往复的怪圈。其结果,老师对×××的小报告产生了某种依赖,打小报告也成了×××的一种习惯性行为。于是,×××也因此而成了同学们普遍怨恨的对象。这就比较清楚了:×××在班级中实际上经常扮演着一种招惹众怒的"监工"角色,而老师则实在是有"教唆"的嫌疑。

其三,×××与其他同学发生争吵后,老师总是批评其他同学,袒护×××。这就又是老师的不对了。难道×××与其他同学的所有争吵都是别人的错?不至于吧。而且,老师在平时对作为班长的×××的要求是不是可以比对其他同学的要求稍微严一些、让她姿态稍微高一些呢?事实上,一旦老师不论是非曲直,总是批评其他学生,一味袒护×××的话,那就等于是同×××结成了一种"联盟",这可就是教育之大忌了。因为它会使其他学生感到老师与×××一个鼻孔出气,是穿一条裤子的,从而在客观上把老师与×××一同放置到与其他同学相对立的位置上。因此,一方面是×××的打小报告行为使自己在同学中树了敌,另一方面,老师的这种"结盟"行为则又加深了×××与其他同学之间的对立。其他同学对老师有没有怨气?当然有,但此时这种怨气是同对×××的怨恨联系在一起、交织在一起的。可其他同学无力与老师对抗,于是便把矛头直指老师的"盟友"兼"代言人"×××,从而使×××陷入一种"四面楚歌"的困境。

其四,×××在课堂上得到了太多的发言机会。可别小瞧了课堂发言机会!至少对小学生而言,它可是孩子们在课堂这个小小的特殊的"社会空间"里表达自己、展现自己、提升自己的一条重要途径。一个在课堂中始终没有或极少享有发言机会的学生,他在老师的心目中大概也就是个可有可无的角色了,在班级这个特殊的"社会组织"中差不多也就处于一种"被遗忘的角落"了。因此,老是不被老师叫起来发言的同学对于老是得到发言机会的×××产生嫉妒、不满乃至怨恨,也就并非不可思议了。可×××本人对此又有什么责任呢?问题还不是出在老师身上?是老师把太多的课堂发言机会(也是特殊的社会参与机会)"分配"给了×××,从而相对"剥夺"了其他同学的这种机会。是老师的这种明显偏颇的教育行为导致了学生之间在课堂中实际享受的学习机会与参与机会的明显不公。

当然,如果我们做进一步了解,也许还会发现该小学生对班长×××产生恨的其他原因,诸如家长的教育不当,该小学生的个性较强等等。但笔者以为,只要该小学生对他妈妈所讲的一番话不是谎言(应该不是谎言),则我们还是容易从中反思出教育者自身、学校教育自身的问题来的。我们难以否认,原本应以儿童的成长与发展为目的的教育在实践过程中常常会被扭曲、被异化,以至于实际上产生出"反教育"的功能——一种"教源性"的反教育功能。本文开头所述故事便至少表明,不少儿童在尚未进入成人社会之前,就已经在学校中、在课堂中、在班级这个特殊的小社会中经历着被忽视乃至被歧视的漫长过程,体验着"边缘"的惆怅与"底层"的痛苦。对他们而言,课堂学习还有乐趣吗?班级还有安全保障吗?学校还是乐园吗?教育还是道德的吗?

因此,在一个不平等的班级里,学生之间很难产生互爱,不可能实现和谐。

那么,平等的班级会怎样呢?我以为,平等的班级并不能完全抹消学生之间的差异,也不能自动带来学生之间的互爱。关爱他人作为个人的一种道德品质的形成,互相关爱作为群体的一种文化氛围的形成,都是需要学习、需要体验、需要熏陶的。但很显然的是,在一个平等的班级中,由于不存在长期稳定的金字塔式的阶层结构,不存在长久不变的地位差异,学生相互之间就不太可能因为在班级社会结构中的地位差异而普遍产生羡慕嫉妒恨,就可以用一种平等的心态、平常的神态、平和的姿态去认识其他同学、了解其他同学、关心其他同学、帮助其他同学、爱护其他同学。也就是说,平等的班级为班级中互爱氛围的形成扫除了社会结构方面的障碍。

各位老师不妨分析一下自己所了解的各种各样的班级,如果说哪个班级真的有一种相互关爱的日常氛围——请注意,我这里说的是"日常氛围",指的是弥漫于、浸透于班级日常生活之中的一种文化氛围,而不仅仅指某一个同学突然患了绝症,全班学生都来捐款这样一种发生于特殊时刻的行为。在那种特殊时刻的捐款行为,常常是只要凭借个人的良心发现、个人的同情心就可以做到的,它通常不需要制度对于个人的外在压力,不需要社会结构对于个人的影响。因此，如果说哪个班级真的有一种相互关爱的日常氛围的话，那么，这个班级的社会结构一定是平等的。

也许有老师会问，不平等的班级中就不可能形成互爱氛围吗？我的回答是：不可能，绝对不可能。原因很简单，第一，这不符合理论逻辑。不平等的班级社会结构必然会导致羡慕嫉妒恨的普遍心态，在这种心态下，互爱氛围何以形成？第二，这不符合日常事实。如果你听到有哪位老师说他指导的那个班级的同学相互关爱、相互帮助、相互支持，而你了解到他的那个班级的社会结构是不平等的，那么，你基本上可以判断，不是那位老师说了假话，就是他把突发事件时全班同学的良善行为误解成了互爱的日常氛围。

因此，只有平等的班级，才能保证学生自尊地发展，才会有利于学生之间的互动、互补和互爱，才能更好地促进班级中的沟通、整合及和谐。而互动、互补、互爱的氛围的形成，沟通、整合、和谐的局面的出现，又更加有利于学生自尊地发展。

学生自主地发展需要民主的班级

讲到这里，我可以对上面讲的两个方面稍微进行一下比较了。

学生自由地发展——这是从学生发展的充分性的角度、从学生发展的最大可能的角度来思考的。思考这个问题的时候，我们看到的是学生的发展状况和他的最大发展可能之间的关系。我们强调的是，学生需要自由地发展；而要想让学生自由地发展，就必须建设一个包容的班级。

学生自尊地发展——这是从学生发展的权利、学生发展的尊严的角度来思考的。思考这个问题的时候，我们看到的是学生的发展状况和其他同学的发展状况之间的关系。我们强调的是，学生需要自尊地发展；而要想使学生自尊地发展，就必须建设一个平等的班级。

现在我要再换一个角度——从学生发展的力量、学生发展的智慧的角度来思考。思考这个问题的时候，我们看到的就是学生的发展状况和

> **自主地发展**
> 发展的力量　　发展的智慧
> 学生发展与教师指导的关系

教师指导之间的关系了。我当然不会否认教师在指导学生发展中的重要作用，但我更想强调的，是学生在他自身发展中的力量和智慧。我想说的是，学生是有力量、有智慧进行他们自己的发展的，学生需要自主地发展。

不过，这里所说的"自主"不是学生个人的自主，而是学生集体的自主。这就和"班级自治"的问题联系在一起了。也就是说，班级作为一种学生组织，是应当，而且也可以让学生根据一定的规则实行集体自治的。学生们可以通过群策群力，自主设计、自主实施、自主监督、自主评价班级的各种活动，营造一个属于自己的小小的社会环境。换句话来讲，全班学生可以在这一系列的集体自主的班级活动中，在集体营造的班级生活世界中，展现自己、发展自己。

学生在班级中的活动、学生在班级中的发展，需要有这样一种集体自治的方式。我们需要强化这样一种意识，就是说学生只要在班级中，那他就终归是在过一种群体生活，问题只在于他所过的是一种什么样的群体生活，这种群体生活是通过一种什么样的方式来管理的。如果一个班级完全处于班主任的强权控制之下，或者说在班主任的霸权主宰之下，班级中的干部们都只是班主任的傀儡或者应声虫，群众学生们更是只有服从的份、听从的份、顺从的份的话，那么，这个班级的学生所过的班级生活，就不是他们自己想要过的生活，而只是班主任想要他们过的生活。学生就根本不是这个班级的主人，而只是作为班级操控者的班主任手中的一个提线木偶、一个局外人。学生在这样的班级生活中所能得到的，并不是他们自己想要获得的发展，而只是班主任灌输给他们的东西。学生整个地处于一种被动的状态、消极的状态、无奈的状态。

而且，问题还在于，在这样的班级生活中，学生即便学会了班主任所要求的那些知识、技能等等，也没有多少成功感、自豪感、满足感，因为想法不是学生自己提出来的，设计不是学生自己完成的，行动合理与否、结果成功与否，也不是由他们自己来判断的，一切都在班主任的脑里、班主任的心里、班主任的嘴里，一切都是班主任说了算，班主任让干什么就干什么，班主任让怎么干就怎么干，学生对于班级事务、对于班级中的活动，几乎没有任何真正的话语权，他们实际上是班级生活的"局外人"。

我指导的一位十年前已经毕业的博士，她的学位论文的题目就是《局外生存——相遇在学校场域》，说的是教师和学生，尤其是许许多多的学生，他们虽然属于这个学校，每天上学、上课、打扫卫生，参加班级和学校的各种活动，但他们的心灵却不在这个校园里，校园并不是他们的精神家园。他们只是消极地、被动地寄居于校园中而已，是学校的"局外人"，所以叫"局外生存"。不知在座各位老师所在的学校里有没有这样的局外人？如果有，占多大比例？

不少研究已经表明，即使是小学一年级学生，从他入学的那天起，就已开始谋求在学校生活中的独立自主。有些研究者甚至认为，儿童对于操控自己的生活的尝试是他的整个文化的重要组成部分。也就是说，不管你认为儿童是多么幼稚，多么不成熟，作为活生生的主体，他们多少还是想把自己的命运掌握在自己手中的。这样来看的话，刚才谈到的学生的"局外生存"的精神状态，也就在很大程度上同他们被排除在对班级生活的管理之外不无关系。其实，即便是我们教师，不也是一样的道理吗？如果我们教师对于学校的重要事项、活动安排没有任何的发言权、话语权、决策权，我们还会把学校当作自己的精神家园吗？我们不同样也是学校治理的局外人吗？虽然我们每天都到学校上班、上课、批改作业、管理班级、参加学校的各种所谓的集体活动等等，但我们不同样也是"局外生存"吗？

所以，我们不能让学生成为班级生活的局外人，我们应当通过班级的集体自治，引导学生学会自主设计、自主实施、自主监督、自主评价他们自己的群体生活。学生需要有他们自己的群体生活，需要通过在他们自主进行的群体生活中实现自主发展。只有这样，学生才会更多地产生成功感、自豪感、满足感，才会变得更加有自信。

当然，我还是要声明一下，说应当让学生实行班级自治，让学生自主地设计、实施、监督、评价他们自己的班级生活，并不是说要否定教师对于班级的指导作用，我没有这个意思。事实上，由于学生毕竟还不是成年人，他们的自主意识水平还处在发展过程中，他们的组织调控能力也处于发展过程中，而且，年龄阶段越低，自主意识水平和组织调控能力也就越稚嫩、越弱，这是毫无疑问的，所以，在班级自治过程中，教师的合理指导是不可缺少的。也正是因为考虑到这一点，所以，我在将近二十年前，就曾经提出过"班级是一种'半自治'

的组织"的观点。我当时是这样说的——

由于学生毕竟不是成人,学生对于成人(教师)难免会存在着一定程度的依存意识乃至依赖意识,加上学生的组织调控技能还不成熟,往往很难总是完全凭自己的力量来管理班级的所有方面,解决班级中出现的所有问题,于是便不时诉诸教师在组织调控技能方面的指导乃至直接干预,这在学生凭借自己的力量解决问题受挫时尤甚。因此,作为非成人组织的班级并非完全靠自身的力量来管理自身,而是会在一定程度上借助于组织外部的力量(如教师)。这就使得学生的班级管理带有一种"半自治"的特征。"半"的程度因情而异,但半自治性这一总体特征始终存在。

不过,今天在这里我还是想强调,即便只是"半自治",它的要害也首先是"自治",而不是"半"。我们首先应当看到的,是学生希望操控自己的生活,希望能够自主地营造他们每天都得生活于其中的小社会,希望能在他们自己营造的这个小社会中发展自己。这就是我这里所说的学生的自主发展。

> **学生的期盼**
> 自主操控自己的生活
> 自主营造自己的社会
> 在自己的社会中发展

这种自主发展是学生的需要,其实也应当是我们教师的期盼。在促进学生发展的问题上,教育的一个重要任务,或者说一种境界,就是要通过鼓励、帮助、引导学生进行班级自治,使学生能够更好地设计、营造自己的生活世界,使他们在这个过程中更好地发展自己。而这样的班级自治,显然需要有一种民主的机制和过程。这里的道理也是很清楚的,所谓学生对于班级这个小社会的设计和营造,不是单个学生独自进行的,而是全班学生共同进行的。如何才能做到"共同"进行?当然不可能通过专制的、强迫的方式,而是应当通过民主的、协商的方式。

所以说,从学生的自主地发展的角度来看,我们所需要的班级,准确地讲是学生发展所需要的班级,应当是一种民主的班级。关于民主这个概念本身,当然就轮不到我解释多少了。至于民主的班级,当然是和教师君临全班的那种班级，或者少数班干部高度集权控制的那种班级完全不同的。

民主的班级的优越性至少体现在三点。

第一，民主的班级可以实现全员管理，并因此而调动全班。

在班主任君临全班，或者少数班干部集权控制的那种班级中，如果说真的有学生关心班级事务的话，那也只是少数班干部。他们所谓的关心，在很大程度上其实只是一种职务行为，也就是所谓的"屁股指挥脑袋"。这和我们成人社会中的那些专制的、集权的工作组织也非常相似。而且，在大部分情况下，这些班干部在班集体建设方面的种种投入，主要也只是对班主任负责，而未必是对全班学生负责。至于其他的大部分学生，同样很难真正发自内心地关心班级，很难有多少参与班级建设的内在积极性。原因很简单，一方面是因为不在其位不谋其政，另一方面是因为他们对于班级事务几乎没有什么话语权，在他们的眼中，班级并不是自己的精神家园，他们不过是班级管理的局外人。既然这样，那就根本犯不着认真投入、积极参与了。

但是，民主的班级就不一样了。民主班级的性质发生了根本变化，整个班级的管理已经不只是班主任一个人的事情了，也不只是少数班干部的事情了，而是全班所有学生的事情了。我这样

> **民主的班级**
> 属于全班学生——生有
> 听命全班学生——生治
> 惠及全班学生——生享

讲至少有三层含义，一层含义是说班级属于全班学生，再一层含义是说班级管理由全班学生来进行，还有一层含义是说班级的一切活动都是为了全班学生。想当年，已故美国总统林肯在他那个著名的《在葛底斯堡公墓的演说》中曾经用三个词来界定美国政府的性质，这就是"民有、民治、民享"。我这里是不是也可以套用一下这三个词的构成方式，来强调一下民主的班级是一种"生有、生治、生享"的班级。这里的"生"所说的当然不是少数学生，而是"全班学生"。

这种"生有、生治、生享"的班级就可以把全班每一个学生都裹挟进来，通过集体管理、全员管理，充分调动全班学生参与班级管理、投身班级建设的积极性，使得班级真正成为全班所有学生的班级。

对比一下马上就可以看出，那种班主任君临全班或者少数班干部集权控

制的班级真的不是全班学生自己的班级，而只是班主任的班级，或者只是少数班干部的班级。如果允许我再套用一下林肯使用的那三个词的构成方式的话，那么，我们也可以把班主任君临的那种班级称之为"师有、师治、师享"的班级，这里所说的"师"主要就是指的"班主任"。至于那些由少数班干部集权控制的班级，也可称之为"班干有、班干治、班干享"的班级了。

在这个意义上，可不可以说，对于许多班主任来讲，他的班级指导工作的一个重要任务，也就在于促使班级性质的改变，也就是把班级的性质从"师有、师治、师享"或者"班干有、班干治、班干享"转变为"生有、生治、生享"。换句话来讲，也就是要实现班级的实际"所有权"的一种根本转型。

第二，民主的班级可以实现协商管理，并因此而优化秩序。

在班主任君临全班或者少数班干部集权控制的班级中，班级的管理基本上是自上而下地进行的，也就是从班主任到班长，然后从班长到班委，再然后从班委到小组长，最后从小组长到组员。在这样的管理秩序中，基本的关系性质是指挥与服从、布置与执行、检查与提交，基本上没有什么协商可言。当然，班主任有时也会对小组长甚至组员直接地指挥、布置或者检查。但不管怎么说，这样的班级生活秩序是机械的、刻板的、僵化的。而另一方面，一旦有什么特殊情况，班级生活的秩序又会变得十分随意，不需要任何的协商和预告，只要班主任一句话，立马就可以调整已经在执行的班级工作计划或活动计划，改变已经形成的班级规范的相关内容。

而在民主的班级中，有关班级管理的所有问题都是可以通过协商来决定、来解决的。班主任会尽量避免不由自己一锤定音，尤其是尽量避免在没有经过全班学生协商的情况下就一锤定音。班委会也会努力避免草率决定，尤其是在没有经过全班学生协商的情况下就草率决定。班级管理的一切重要事项都会尽可能让全班学生事先了解，一切重要决定都要在全班学生认真讨论、充分协商的基础上做出。在这种状态下，协商就成了学生进行班级自治的一种基本机制。有了这样的协商机制，班级生活的秩序就会变得既遵循一定的程序和规范，又具有一定的多样性、丰富性和灵活性，因为一切都要根据大家协商的结果来决定。

当然,刚才也谈到,因为学生还处于发展的过程之中,所以他们还缺乏足够的协商意识,也缺少足够的协商技巧。尤其是小学生,他们的协商意识和协商技巧也更加缺乏。不过,这些都不能成为不让学生协商的借口,而是恰恰需要让学生们通过协商实践来不断增强协商意识、不断学习协商技巧,恰恰需要班主任对学生进行协商方面的耐心指导。不管怎么说,在学生进行班级自治的过程中,班主任一定要尽量避免代替学生决策、代替学生设计、代替学生实施、代替学生监督、代替学生评价,一定要想方设法让学生学会在协商的基础上做出班级管理的决定,而且要让学生感到这是他们自己协商的结果。

第三,民主的班级可以实现实验管理,并因此而孕育未来。

这一点具有不同寻常的意义。一个民主的班级,奉行的是以人为本的理念,强调的是全班学生的意愿,崇尚的是公平正义的精神,维护的是个人应有的权利,尊重的是个人自主的选择,贯彻的是少数服从多数的原则。学生生活在这样一种班级里意味着什么呢?那就意味着学生在他的受教育阶段,就已经在班级中过一种民主的生活,就已经每天都在亲身体验着民主的价值、民主的方式、民主的效果。这样的民主生活,已经不只是学生的当下学校生活的实际内容,而且是学生在他走出校门、进入更大的社会之后参与民主生活、建设民主社会的一种必要准备。这个意义不是很重大吗?

更重要的是,学生走出校门后所进入的那个社会,不一定就是他当下生活于其中的这个社会的完全复制品。由于现实因素的种种制约,学生当下生活于其中的这个社会还有许多不尽如人意的地方,其中就包括民主建设的状况。而且,同样由于现实因素的种种制约,对于当下社会的改造也绝不是那么轻而易举的,许多事都不可避免地要有待于将来,都要寄希望于正在学校中学习的未来一代进入社会之后去奋斗、去改变。而由于学校毕竟和社会有很大的不同,学校中的班级虽然也是一个小社会,但它的复杂程度毕竟还不像外部社会那样,因此,在学校的班级中进行

> **自主地发展需要民主的班级**
> 全员管理——调动全班
> 协商管理——优化秩序
> 实验管理——孕育未来

民主管理的尝试,空间还是很大的。这就需要我们放手让学生去尝试管理自己的生活、管理自己的班级,引导学生在这种管理过程中学习和实践民主的各种方式,获得关于民主的各种体验和经验。

在这方面,关键也还是要相信学生,相信学生在自主管理班级的过程中会有他们自己的办法,会有他们自己的智慧,会有他们自己的创造性。学生在可以由他们自主解决问题的群体中生活,是能够形成最适合于他们自己的一些规则的。江苏省教育科学研究所原所长成尚荣在《中国德育》2010年第2期上有一篇文章,题目就叫作《儿童:道德的创造者》。这篇文章谈的虽然不是班级建设问题,但对于我们理解学生在自主管理班级的过程中有能力制定相关规则这一点应该会有所启发。这篇文章篇幅不长,不妨念一下。

儿童:道德的创造者

我们每天都在对学生进行道德教育,在这日复一日的道德教育中,我们陷入困惑,而这些困惑一积累,又让我们陷入苦恼,用时尚的话来说,我们常常感到道德教育的"寂寞"。

诸多问题的背后,一个深层次的问题是:儿童能不能创造道德?

有这样一个故事。一位在民工子弟小学教数学的老师,考试时给学生出了这样一道题:假如你家里有5口人,买来10个苹果,每个人能分到几个苹果?试卷交上来后,他才发现"10"误写成了"1",于是问题变成了1个苹果分给5个人,每人能分到几个?

孩子们对此问题的答案不一,但一个女孩的答案令他刻骨铭心:每个人都能分到1个。原因是,假如爷爷买来1个苹果,那他一定不会吃,因为他知道生病的奶奶很需要,他会留给奶奶;奶奶一定舍不得吃,她一定会把它送给最疼爱的小孙女——我;我也不会吃,我要把它送给在街上卖报的妈妈,口渴的妈妈一定很需要这个苹果;妈妈呢,她更不会吃,她一定会送给爸爸,因为爸爸每天在工地上干活,很苦很累,却从来没吃过苹果。所以,我们家每个人都会分到这个苹果。

我含泪读完了这个故事,小女孩给了我心灵的感动,也给了我思想的启示。她创造了分苹果的新规则,表达了她对分配的新理解,其中充满了人与人之间的道德关怀。因此,可以说,这个小女孩创造了最好的道德教育。道德不是一种神谕,也不只是先人留给我们的经验,道德是人为的;道德不是在书本上,也不只是停留在口头上,它以最生动的方式活在孩子们的生活体验中。

因此,人不仅是道德的体验者、享受者,而且是道德的创造者。尽管在道德教育之始,道德总是他律的,但它一定是人创造的;当道德教育走向自律时,道德更是来自人自己的创造。

我们不难做出这样的判断:最好的道德教育,应当是人自己在道德实践中的创造。

现在的问题是:儿童是不是道德的创造者? 不可否认,长期以来,儿童只是道德的接受者,准确地说,儿童只是道德的被灌输者。最堂皇的理由便是:儿童只是孩子,他们没有创造道德的欲望,更没有创造道德的能力。女孩分苹果无情地击垮了这一顽固的旧观念。看来,我们不仅要重新认识和发现道德教育,也要重新认识和发现儿童,进一步说,只有正确地认识和发现儿童,才有可能寻觅和把握道德教育的真谛,解开道德教育的密码。

儿童就是一种可能性。儿童正是在自己的生活中,生成了自己的道德智慧,产生了道德规则,诞生了最好的道德行为,于是,儿童进入了自主的道德教育境界。当然,这并不否认教师在儿童道德教育中的重要作用。其实,我们应该这么想:教师道德教育的最高使命,在于促使儿童自己去创造道德,让儿童成为道德的创造者——这样的儿童才能创造新世界。

大家觉得是不是很有道理? 其实,儿童在他们的非正式的伙伴交往中,是经常会自主制定出既能调动大家参与的积极性、又能对大家有所约束的游戏规则的,只不过我们许多教师对这一点了解得不多而已。

因此,一定要放手让学生去自主管理班级,引导学生在这种自主管理的过程中进行民主方式的各种尝试,获得关于民主的丰富的体验和经验。这样,在学生身上就一定会逐步形成民主管理的意识,逐步具有民主管理的能力。只有这样的学生,在走出学校进入社会之后,才有可能成为他将生活于其中的那个社会的民主建设的栋梁。正是在这个意义上，难道我们不可以从班级管理的现状看到社会治理的未来吗？换句话来讲，在学生们的当下班级生活中，难道不正孕育着国家的未来社会生活吗？所以，我一直有一个观点，就是说班级其实也是一座桥梁，这座桥梁把学生引向他们将要生活于其中的那个未来社会。

也许有的老师会说，你这样讲是不是有点理想化了？理想化吗？其实，任何一种教育，只要是有利于学生发展、有利于社会进步的教育，只要是在这两方面都想有所作为的教育，那就不可能不带有一点理想的特征，因为作为一种负责任的教育，它不光要联系现实，而且要超越现实，要通向未来。未来在哪里？未来就孕育在作为未来一代的学生们的当下日常生活之中！真正美好的未来，就孕育在作为未来一代的学生们的具有反思性、富有创造性的当下日常生活之中。而民主自治班级，就是我们的学生值得过，也应当过的一种具有反思性、富有创造性的日常生活！如果我们的教育不引导学生通向未来社会，那么，我们这些班主任老师们还有必要殚精竭虑地思考自己的班主任生涯吗？还有必要废寝忘食地投入班级指导工作吗？

> 学生的班级生活现实
> 国家的社会生活未来

所以，我觉得即便说班主任老师（当然也包括其他任课老师）和全班学生在共同决定着学生在未来社会中的参与程度也不为过。说实话，我们的不少老师现在常常表现得很悲观，感到在世风日下的如今社会里，教育工作者很弱势、很无能，也很无奈。这种心情可以理解，许多社会现象确实让人很担忧，但我们大可不必过于悲观。从我刚才讲的班级建设的重要意义就可以看出，未来社会其实在很大程度上就孕育在我们教育工作者的手中，就孕育在我们班主任老师的手中。未来社会的美好、未来社会的丑陋，未来社会的公平、未来社会的不公，其实都和我们现在的教育有关，都和学生的当下班级生活有关，于是，也就都和我们班主任老师的工作有关。我不认为有谁能否认这样一个逻辑。

也许你又会说，学校教育的作用在无情的社会现实面前不堪一击，学生即使在学校里是好的，但进入社会后就容易变坏。可是，现在的社会成员不正是以前的学校教育培养出来的吗？未来的社会成员不正是现在的学校教育培养出来的吗？学校能够完全推脱责任吗？如果我们的学校教育、我们的班级建设不鼓励学生去追求真理的话，学生进入社会后能为真理而献身吗？如果我们的学校教育、我们的班级建设不引导学生过一种，准确地说建构一种民主生活的话，学生进入社会之后能合理地运用或者更合理地运用民主的方式吗？所以，不管是这样讲还是那样讲、横着看还是竖着看，未来社会的雏形都奠基在我们现在的学校中，都奠基在我们现在的班级生活中。

所以，我们真的得有使命感、责任感，真的得有自信。学生在我心中，国家在我心中，未来在我手中，希望在我手中。

班级建设的问题很多，由于时间有限，今天只集中讲了三点，没有涉及其他方面。最后，我想特别强调两点。

第一，班级真的应当是全班学生自己的班级，而不能只是班主任的班级、教师的班级或者少数班干部的班级。

第二，我们真的应当让学生过他们自己的班级生活。准确地说，是让学生建构他们自己的班级生活。这里的所谓"让"，其实有点自作多情。

> 班级：学生自己的班级
> 学生：创造自己的生活
> 教师：把班级还给学生

使用"让"这个字，并不意味着班级是我们教师的、班主任的，现在我们要把这个班级让给学生；而是说班级原本就应当是学生的，现在我们应当把班级"还"给学生。因此，这里的这个"让"字，它的实际含义是鼓励、是支持、是指导。

不好意思，耽误了大家这么多时间，而且，肯定会有许多不当之处，请各位老师和专家批评指正！谢谢！

信息技术怎样"进入"课堂教学

（2011年11月19日，南京）

各位同学、各位同人：

大家上午好！

这次论坛，李艺老师要我来讲一讲，我感到很为难，就想，到底讲些什么东西呢？李老师说，你就讲讲教育社会学啦、教育研究方法啦或者现在正在从事的课题研究啦等等，都可以。总而言之，不用花太多的时间和精力去准备就行了。李老师真是非常善解人意，我跟他关系也很好。（笑声）但是后来也不知道怎么搞的，最后竟然选择了这么个题目，应当是在一种什么状况下的一种失误。但现在后悔已经来不及了,（笑声）我就斗胆出个丑吧。

我觉得，信息技术"进入"课堂教学大致有四种类型。

塞　入

第一种类型是"塞入"。就是把信息技术"塞进"课堂教学。之所以用"塞入"这个词，是因为我觉得在这种类型中，教学活动本身对于运用信息技术并没有内在的需求，没有迫切的要求。在这种情况下，使用信息技术手段，教学效果未必就一定会好于不使用信息技术手段，甚至可能还不如不使用信息技术手段。

对于这一点，教师本人其实十分清楚、心知肚明，但是他偏偏还是要使用、就是要使用。本来，教师的普通话已经十分标准了，非常标准了，音色也不错，完全可以声情并茂地示范朗读课文。尤其是在小学，初中也一样。但是他为了运用一下信息技术，非要来播放一段课文朗读的录音。本来，教师的一手粉笔字非常漂亮，而且也善于通过板书来展示教学内容的逻辑和结构——我们有些教师真的是非常厉害，他从上课一开始，就运用板书来展现教学过程，在黑板上从左往右写，写写讲讲，讲讲写写，一直写到黑板右下角，最后再说一句话"今天我们这堂课就上到这里"，这时正好下课铃响。他就是能那么高明地通过板书来呈现课堂教学的过程与结构。而且，坐在后排的学生也能看得很清楚——但是他为了使用一下信息技术，非要用PPT来代替板书。也就是说，在这种情况下，所谓信息技术"进入"教学，并不是教学活动的展开本身对于运用信息技术手段的一种内在需要的产物，而是教师的一种刻意行为的结果，是地地道道的"为了使用信息技术而使用信息技术"这样一种刻意行为的结果。

那么，教师为什么会在明明知道教学活动并无内在需要的情况下硬要"塞入"、硬要使用信息技术呢？他们的目的基本上可以用两个字来概括：点缀。因为，教务部门对于教师在教学中使用信息技术手段有要求、有检查，不做做样子不行；因为，别的教师都在使用，自己不使用显得有点落伍；因为，总是口头讲解、写板书有点乏味，所以换用信息技术手段来呈现一下，调剂调剂，等等。总而言之，是为了应付一下、意思一下、点缀一下。

那么，当信息技术只是被"塞入"课堂教学的时候，它是不可能对教学活动的改善有多少实质性的贡献的。它的作用充其量也只是教学中的某些技术"动作"的形式上的"变换"而已。就像刚才举的例子，用放录音来代替教师本人的朗读，这是"动作"的变换；用PPT来代替教师本人的板书，这也是"动作"的变换。等等等等，都只是形式上的变换。

因此，如果从对于教学的作用的角度来给这种情况下的信息技术定性的话，那么，"塞入"课堂教学的信息技术就是一种与教学过程无关的信息技术，或者说是一种多余的信息技术，因为这时的教学活动对于信息技术没有内在的需要，因为它同教学之间并没有实质性的功能联系。

也正因为无关，因为多余，所以，信息技术一旦被"塞入"课堂教学，它在教学中其实是毫无地位可言的。它虽然在教学中被使用，却并不是教学中的一个有意义的影响因素。此时教师不写板书，放 PPT，有多大意义啊？我不是很清楚。教师明明可以声情并茂地朗读课文，引导学生去想象，但是教师偏不，偏要放录音。因此，这种情况下的信息技术就只是外在于教学活动的、几乎可以忽略不计的一种技术存在。信息技术的这样一种地位状况，我把它称为"局外"。它虽然在教学活动中被使用，虽然存在于课堂这样一个空间里，但是，它在"局外"。

处于这样一种局外的地位，信息技术与教学之间的关系也就真的不怎么样了。如果我们把信息技术和课堂教学比作两个人的话（尽管这样的比喻不一定很恰当），那么，它们之间的关系可以说只是一种陌生路人的凑合关系。信息技术的使用与教学活动的进行虽然发生在同一个时空里，但相互之间的关联很牵强，教学活动的进行本来并不需要使用信息技术，信息技术的使用也不会带来教学活动的实质性改善。它们之所以同时发生在课堂中，完全是教师拉郎配的结果。两者之间很陌生，很见外，以至于可以用"离心离德"来形容。我今天在这里使用的一些表达可能都不太符合教育技术工作者的表达习惯，多少带有一点形容啊、比喻啊，我也找不到更恰当的表达方式。下面将全都是这一类的形容、比喻，请大家多包涵，真是很抱歉！

表1　信息技术"塞入"课堂教学

目的	作用	技术属性	地位	关系	教学属性
点缀	变换（动作）	无关教学的技术	局外	路人：凑合 离心离德	疏于信息技术的教学

因此，在信息技术被"塞入"课堂教学的情况下，教学活动本身同原先相比

也就几乎不会发生什么变化。虽然教师在教学中使用了信息技术手段,但这种使用只是为了做做表面文章,是硬贴上去的,而且,经常是贴不住的。这样,从与信息技术的关系的角度来看,我们就可以给这种情况下的教学定个性,把它归个类。这种情况下的教学是什么呢?是一种"疏于信息技术的教学"。

加　　入

信息技术"进入"课堂教学的第二种方式可叫作"加入",就是一般意义上的"加入"。"加入"和"塞入"只有一字之差,但是性质不同。在这种类型中,教师之所以在教学中使用信息技术,目的已经不是为了仅仅通过动作形式的变换来极为表面地点缀一下,而是想针对教学中的某些不足,进行一些必要的弥补。虽然只是弥补,但也意味着,教学活动对于信息技术手段的使用开始有了真实的需求,已经不是应付一下、点缀一下了,那些都是虚假的。在这里,"弥补"是一个关键词。弥补一方面意味着教学活动对于信息技术的使用有着真实的需求,另一方面也意味着教师并不想否定教学活动的整体架构与基本过程,并不打算进行大的调整。

那么,在这种情况下,信息技术的使用会有什么样的作用呢?它的作用,就在于可以对教学活动的某个或某些环节进行必要的改善,使得教学活动的效率或效果得到一定的提高。比如,当教师在课堂中讲到李白的诗句"飞流直下三千尺,疑是银河落九天"时,如果教师感到仅仅靠自己的口头描绘和语言解释,很难使学生真切地了解庐山瀑布的气象,感受李白浪漫主义的想象力与情怀,那么,这个时候使用一下多媒体,通过实拍影像与立体音响,真实地展示庐山瀑布的清亮秀美、大气磅礴、如同天壶倾洒、天马流星般的壮丽景观,便有可能收到不一样的效果。这种情况下的信息技术运用,就可以对教师的口头描绘和语言解释的局限性起到一定的弥补作用。请注意,我这里讲的只是"弥补"。

当然,弥补说到底也还只是弥补,作为弥补手段的信息技术通常也只能是在教师讲授过程中单靠语言和板书不能清楚呈现、不能清楚解释的情况下被使用。所以,信息技术在这种情况下所扮演的还只是一种辅助性工具的角色,尽管在不少情况下,它的辅助作用也确实不错,就像我刚才举的那个例子。因此,在这种类型中,信息技术的性质就不是"无关教学的技术"了,而是可称为"辅助教学的技术"。不管是过去的幻灯片、录音机,还是现在的多媒体,它们都是辅助教学的技术。所谓辅助教学的技术,其实有两层含义。一层含义是说它并不是多余的,而是有用的;另一层含义是说它虽然是有用的,但只是辅助性的。

既然所扮演的角色只是一种辅助性工具,那么,信息技术在教学中的地位尽管已经不能说它是局外的,但我们也只能说它是"边缘"的。辅助也就意味着边缘。在这种情况下,信息技术的特点虽然已经被教师所了解,但信息技术的价值蕴藏、它的作用空间还没有被教师充分挖掘;信息技术虽然已经开始被教师运用到教学活动中,但这种运用还只是个别环节的,零打碎敲的。这也是我之所以把信息技术在这种情况下的进入称之为一般性地"加入"的原因。

这样一来,我们是不是也比较容易看出,信息技术在这种情况下,它与教学活动的关系虽然与刚才所说的"塞入"有所不同,就不是完全的"凑合到一起的陌生路人的关系"了,但也远远没有达到亲密的程度,甚至也达不到要好的程度。那究竟是一种什么样的关系呢?我这里也尝试着形容一下,我说它们是"联合"在一起的"同人"关系。这里的"同人"和"同人"的含义,指的是在同一个行业或领域里工作的人。我借用这个词,是想要表达信息技术与教学活动之间的关系既不疏离也不亲密,联合是他们之间的关系的一种常态。联合也就是联起手来做同一件事,达到各自的目的,实现各自的价值。

既然是联起手来一起做事,那么,离心离德显然是不行的了,但由于两者之间毕竟还达不到亲密的程度,甚至也达不到要好的程度,因此,在这种情况下,信息技术与教学活动之间的关系或者状态,或可称之为"若即若离",说远不远,说近不近。

表2 信息技术"加入"课堂教学

目的	作用	技术属性	地位	关系	教学属性
弥补	改善(环节)	辅助教学的技术	边缘	同人:联合 若即若离	问于信息技术的教学

那么，在这种情况下，教学活动本身又是一种什么样的属性呢？我们对它可以进行怎样的归类呢？从与信息技术的关系的角度来看，我觉得这个时候的教学就可以称之为"问于信息技术的教学"——教学活动有不足，有需要，需要向信息技术问询一下、求助一下，需要运用信息技术手段来辅助一下、弥补一下。

嵌　　入

信息技术进入课堂教学的第三种类型是"嵌入"。

就中文的字义来说，嵌入是指一个较小的东西紧紧卡入到另一个较大的东西中去，从而成为那个较大的东西的一个组成部分。它所表明的是两者之间的联系紧密程度，是紧紧地卡进去。作为一个学术概念，它来自于新经济社会学，说的是人们的经济行为并不是孤立存在的，绝不是孤立存在的。我们的任何一个经济行为的内容与方式都要受到它所存在于其中的政治、文化、社会结构等等的影响。而且，经济制度本身也是社会结构的一个重要组成部分。

我这里借用"嵌入"这个词，指的是信息技术与教学活动这两者之间的一种关系状态。什么状态呢？就是相互契合、相互吻合、相互优化这样一种相得益彰的状态。如果一定要打个比方的话，我们说教学活动好比是一枚戒指，信息技术就好比是镶嵌在这枚戒指上的一颗钻石。所谓信息技术嵌入教学活动，就好比是钻石镶嵌在戒指上。结果会怎么样呢？——当然这里讲的是镶嵌技术比较好的情况，因为有些镶嵌并不成功——结果是戒指因为镶嵌了钻石而高贵典雅、价值连城，所以，此戒指也就非彼戒指了；钻石也因为镶嵌在戒指上而更加熠熠生辉、美不可言，于是，此钻石也就不是彼钻石了。孤零零的一颗钻石，它有什么用？也就是说，钻石已经成了戒指的一个重要组成部分。戒指为钻石提供了展现魅力的舞台与实现价值的平台，钻石则让戒指焕然一新，提档升级，给了戒指一个大大的回报。这两者就是这么一种关系。再往下说一点，钻石与戒指就这样相互映衬、相互添彩，它们都成就着对方，并在成就对方的同时也成就了自己。难道我们不可以用这两者之间的关系来比拟"嵌入"课堂教学的信息技术与教学活动之间的关系的一种状态吗？

这也是教师之所以把信息技术"嵌入"课堂教学之中的目的所在。在这种情况下，教师在教学中使用信息技术的目的确实已经有了质的不同。他已经不再是为了点缀点缀了，也不再是为了局部性地弥补弥补了，而是为了全面提升教学效果，使教学效果整体性地上一个台阶。我刚才讲到弥补时是怎么说的？说的是使课堂教学的"某些环节""个别环节"得到改善。它是为了"弥补"，这里是为了"提升"。

那么，如何才能使得教学效果整体性地上台阶呢？这就需要在信息技术运用问题上，把关注的视野从教学活动的个别环节、局部状况扩展到整个过程、整体状况，努力去寻找、发现教学中运用信息技术的更多和更大空间，并进行整体设计。这好像也是我们——比方说新课改、比方说再往前走一步的信息技术在课堂中的应用——所想做的。进行整体设计，让信息技术的运用本身成为教学领域中的组成部分——这是一句十分普通的话，但也是一件十分难做的事情——成为教学活动这枚戒指中的一颗耀眼的钻石，让教学活动这枚戒指因为镶嵌了信息技术这颗钻石而变得更加光彩夺目，精妙绝伦。

所以，这就显然超出了对于教学活动的个别环节进行一般意义上的"改善"的范围了，而是必须对整个教学过程加以梳理、加以琢磨、加以改变。因此，当信息技术手段的运用足以成为镶嵌在教学活动这枚戒指中的一颗钻石的时候，当教学活动因为信息技术手段的成功运用而大放异彩的时候，那么，"辅助教学"这个概念还能够很好地表达这种情况下的信息技术的属性吗？不能。而是有必要换一个概念，我们说它就从"辅助"上升为"支撑"了。这个时候的信息技术，因为是"嵌入"到教学中去的，所以就成为"支撑教学的技术"了。这当然不是在玩概念，不是说要来点排比，不是这个意思。只要概念恰如其分地表达了现实，它就会反映一种现实的逻辑。所谓支撑，顾名思义，就是指离开信息技术的运用，教学效果的整体性上台阶、整体性提升层次也就无从谈起。

毫无疑问，在这种情况下，信息技术在课堂教学中的地位就会发生一个重要变化。什么重要变化呢？那就是从教学中的边缘变成了教学中的"要件"。要件的意思是重要部件。信息技术的运用已经成为一种用来改变整个教学过程、全面提升教学效果的不可或缺的重要手段，它已经不能再被鄙视，不能再被忽视，不能再被轻视。它已经被镶嵌到教学活动之中，已经由于被镶嵌而不能从教学活动中抽离出来，因为一旦抽离出来，教学效果就不会有不同凡响的显著增强，教学质量就不会有值得称道的上台阶的提高。

这样，当信息技术"嵌入"到课堂教学中的时候，它同教学之间的关系就比刚才所说的"彼此联合"的"同人"关系要向前迈进一大步了。是什么关系呢？那就是一种相互结合的"友人"关系了。结合与联合是有区别的，我们常常讲紧密结合、紧密结合，对于结合的要求就是要紧密。而"镶嵌""嵌入"，紧紧地、牢牢地、恰到好处地卡在里面等等，不就是紧密结合吗？这就和前面所说的"联合"不一样了，联合是不一定非得紧密的。通常，我们也几乎从来不讲紧密联合，倒是会讲松散联合。在紧密结合的这种友人关系中，信息技术与教学活动之间的联系状态也肯定不是"离心离德"的了，也不是"若即若离"的了，而是"一唱一和"的了。

表3 信息技术"嵌入"课堂教学

目的	作用	技术属性	地位	关系	教学属性
提升	改变（过程）	支撑教学的技术	要件	友人：结合 一唱一和	基于信息技术的教学

那么，当信息技术"嵌入"到课堂教学中的时候，我们又该如何对教学本身的属性加以界定呢？我们又该如何对这种情况下的教学活动进行归类呢？我觉得这倒比较容易。既然在这种情况下，信息技术已经成为"支撑教学的技术"，那么，这种类型的教学也就是"基于信息技术的教学"。

融　入

现在，我们来看看信息技术"进入"课堂教学的最后一种类型，我把它称之为"融入"。信息技术从强行地"塞入"教学，到一般性地"加入"教学，再到紧紧地"嵌入"教学，最后到有机地"融入"教学。

"融入"意味着什么？我们经常讲融入、融入，但融入到底意味着什么？当我们说一个非洲移民已经融入美国社会的时候，说的是什么意思？说的是这个非洲移民对于美国文化与美国社会已经全面认同。不光是非洲移民，包括亚洲移民，包括拉美移民等等，都是这样。它意味着这个非洲移民能够像已有的美国人一样，在美国这个社会里正常地生存与发展，甚至可能生存得很好，发展得很好，比如像奥巴马之类的。当然，这倒并不是说他想干什么就能干什么。融入同时也意味着美国社会对于这个非洲移民的真正认可，意味着美国社会对待这个非洲移民能够像对待已有的美国人一样，向他们呈现出生存与发展的正常空间。当你讲融入的时候，肯定是这样的状态。在这种情况下，我们就可以说，这个非洲移民也在为美国积极做贡献，并通过为美国社会做贡献而发展自己。

我在这里借用"融入"这个概念，就是想要表示信息技术在课堂教学中的一种存在状态，一种可能的境界。这种境界就是相互适应、相互贡献，以至于亲密无间，最终成为一个整体，一种真正的整体。我不好做更牵强的表达，但可以把"融入"和"镶嵌"相比较。"镶嵌""镶嵌"，那还是分得一清二楚，可以看得出来。钻石在戒指中，虽然是紧紧卡入，相互结合，但还是分得一清二楚。但"融入"就不一样了，它是相互适应、相互贡献，以至于亲密无间，最终成为一个整体。那是比钻石和戒指的关系更加自然而然、更加天衣无缝的一个整体。

当然，信息技术不可能自动"融入"到课堂教学中去，它仍然是"被融入"的。谁把它"融入"到课堂教学中去的？还是教师，是教师把信息技术"融入"到课堂教学当中去的。信息技术"融入"课堂教学，是教师施加作用的结果。前面讲的"塞入""加入""嵌入"等等，也都是教师施加作用的结果。是教师把信息技术硬性"塞入"到课堂教学中去的，是教师把信息技术一般性地"加入"到课堂教学中去的，是教师把信息技术紧紧"嵌入"到课堂教学当中去的。现在，也是教师把信息技术有机地"融入"到课堂教学中去的。因此，首先还是有一个教师的目的问题。

前面说到，当教师把信息技术"塞入"到课堂教学中去的时候，他是要"点缀"一下；当教师把信息技术一般性地"加入"到课堂教学中去的时候，他是想要"弥补"一下；当教师把信息技术"嵌入"到课堂教学中去的时候，他是想要"提升"一下。那么，"融入"呢？教师为什么要把信息技术"融入"到课堂教学中去呢？在这种情况下，教师的目的已经不是点缀、弥补、提升了，而是想要"创构"，也就是想创构出一种与迄今为止截然不同的全新的教学时空，让学生在这种全新的教学时空中得到尽可能全面的成长和发展。

这种全新的教学时空究竟是什么样的？迄今为止的教学活动并没有给我们真正展示过，尽管不少教学活动对于信息技术的运用已经显示出相当不错的设计思路和操作水准。我不了解情况，也许在座的教育技术专家已经进行了这样的创构。如果是这样，那我在这里就纯属胡说八道了。因为我是个外行，我没有办法对这种全新的教学时空进行一二三四五之类的具体描绘，那是教育技术工作者要做的事情。不过，尽管我是个外行，但对于已经广泛而又深刻地影响着，并且还将更加广泛、更加深刻地影响我们的社会结构与日常生活的信息技术在教学活动中所能发挥作用的空间及未来气象，总还是可以进行一些预测的，至少是可以有所期盼的。

我期盼，在通过将信息技术"融入"课堂教学而创构出的全新教学时空中，教师本人的知识仓储和通过信息技术而能获取的各种学习资源既可以单独呈现，又可以随时组合呈现、相互补充；文字的、声音的、影像的学习资源既可以单独展示，又可以随时汇集提供，相互加强；历史场景、当下情状及未来景观既可以单独凸显，又可以随时因需编排，相互勾连；教师与学生个体、学生群体、全班学生之间的互动以及学生与学生之间的互动既可以单一进行，又可以随时切换，相互促进；教学空间的模样、色彩以及秩序的样态等等既可以有相对稳定的基本样态，又可以根据教学需要随时加以必要的调整与改变；知识的了解、资源的获取、方法的掌握、规则的习得、情感的陶冶、意志的磨炼、道德的养成、文化的体验等等，既可以有相对专一的针对性促进，更可以在充满丰富刺激、提供多样方式的各种活动中取得整体性进展。这是我的期盼，是包括我在内的许许多多教育技术外行的期盼。当然，可能也有不少人不期盼这样。

我想，如果教学活动具备了这些特征，那么，它就是今天的任何一位特级教师、哪怕是教授级中学教师、哪怕是超级教授级中学教师的教学场景都全然不能相提并论的,它的育人效果与现在的任何一种教学活动都不是同一个概念。而这种全新教学时空、在这种全新教学时空中进行的全新教学活动,只有通过发掘信息技术的一切可能的运用空间才有可能实现,只有把信息技术自然地、无缝地以至于艺术地融入整个教学环境中的时候,才有可能实现。

很显然,在这种类型中,信息技术的作用就不是刚刚所说的"嵌入型"当中的"改变教学过程"的作用所能同日而语的了,因为这种类型中信息技术的作用将是对整个教学系统的改造,或者说重构。它包括:教学内容呈现方式的改造或重构,学习资源获取方式的改造或重构,教学人际互动样态的改造或重构,教学空间秩序格局的改造或重构,教学环境整体氛围的改造或重构,等等。所有这些改造或重构,都是整个教学系统的改造或重构的有机组成部分,都是为了形成一种全新教学时空,以便最大限度地联结学生的经验,最大限度地激发学生的兴趣,最大限度地挖掘学生的潜能,最大限度地引发学生的创造,最大限度地促使学生作为一个完整的人去完整地感知尽可能完整的世界。

如果是这样的话,那么,从对于教学的作用的角度来说,信息技术的性质也就会发生根本性变化,或者说进一步发生根本的变化。在"加入"和"嵌入"课堂教学的这两种类型中,信息技术的作用不管是"辅助"也好,"支撑"也罢,都还只是属于工具的范畴。而在"融入"课堂教学的这种类型中,情况就大不一样了,尽管信息技术仍然发挥着工具的作用,但这个工具非同一般,因为它已经按照育人的要求自然地、无缝地乃至艺术地融合在教学的整个过程当中,我们已经无法把它从整个教学时空中分离出来。从某种意义上讲,信息技术在课堂教学中的这种存在状态又有点像我们中国的老子所讲的,叫"大象无形"。

也就是说,信息技术的气息清新而又淡然地弥漫在整个教学环境当中,信息技术的作用鲜明而又悄然地存在于整个教学过程当中。(笑声)有些同学笑了,我知道笑的是什么意思,这是不怀好意的笑。(笑声)是不是觉得我讲的都是些很虚的东西?但今天的教育技术学难道不需要在这些"虚"的方面有一些灵动的、有一些有思想的、有一些引领性的东西吗?这一点下面我还要谈到。这种类型中的信息技术的作用就不是"支撑"这个概念所能涵盖得住的了,这就可以借用李艺老师的一位博士生单美贤提出的"技术教育化"这个概念了,她是在《论教育场中的技术》这本书中提出来的。借用这个概念,我们就把融入课堂教学的信息技术称之为"教学化了的信息技术"(也可称为"教育化了的信息技术")。

你们说,这个时候的信息技术在课堂教学中还会处于一种局外的、边缘的地位吗？绝对不会！对于它的地位状况,仅仅用"要件"这个词就能够表达到位吗？也不行了。这个时候的信息技术对于教学来说就成了一种"关键性的技术"。

于是,信息技术与教学活动之间的关系就要在"友人"的基础上再向前迈出一大步了,那就简直是一种亲人的关系了。亲人关系的特点是什么？是亲情,是融合,是因为亲情而融为一体。在这种融为一体的亲人关系中,信息技术与教学活动之间的联系状态当然也就不是"一唱一和"所能表达到位的了,他们实在是已经"难舍难分"了。

表4　信息技术"融入"课堂教学

目的	作用	技术属性	地位	关系	教学属性
创构	改造（系统）	教学化了的技术	关键	亲人：融合 难舍难分	技术化了的教学

所以,对于这样一种状态、这样一种境界下的教学活动的属性,我们怎么来界定它呢？我们是不是可以借用有些研究者在20世纪末21世纪初提出的"教育的技术化"这个概念,就把这种类型的教学称之为"技术化了的教学"。当然,需要顺便说明的是,我这里所说的"技术化"是一个积极的概念,是对于教学活动的一种层次、一种境界的表达,而不是一个消极的概念,它同一些学者在对教育中存在的所谓技术崇拜现象进行评判时所使用的"技术化"概念有着截然不同的含义。

以上就是我对所谓信息技术"进入"课堂教学而进行的一种分类。表5显示着四种类型的基本特征和相互区别。

表5 信息技术"进入"课堂教学的四种类型

类型	目的	作用	技术属性	地位	关系	教学属性
塞入	点缀	变换（动作）	无关教学的技术	局外	路人：凑合离心离德	疏于信息技术的教学
加入	弥补	改善（环节）	辅助教学的技术	边缘	同人：联合若即若离	同于信息技术的教学
嵌入	提升	改变（过程）	支撑教学的技术	要件	友人：结合一唱一和	基于信息技术的教学
融入	创构	改造（系统）	教学化了的技术	关键	亲人：融合难舍难分	技术化了的教学

那么，审视一下信息技术在我国学校，尤其是在中小学课堂教学中的运用，大概是一种什么样的实际状况呢？信息技术究竟是怎样"进入"到课堂教学当中去的呢？

我没有进行过调查，不掌握有关数据，但是从我的经验来看，从了解到的一些情况来看，可不可以这么说，信息技术一般性地"加入"课堂教学的情况比较多一些；在不少情况下，信息技术是被硬性地"塞入"到课堂教学当中去的；真正能做到把信息技术"嵌入"到课堂教学当中去的教师并不是很多。也许教育技术工作者、教育技术专家和你们的实验学校、实验基地在实验中有过不少尝试，但并不具有很大的代表性。

当然，随着时代的向前推进，随着教学改革的推进，把信息技术强行"塞入"到课堂教学中去的教师也在逐渐减少，因为教师们已经意识到信息技术的恰当运用对于提高教学效果具有积极作用。大部分教师都希望能够通过使用信息技术手段，使自己的教学得到实质性改善。也就是说，信息技术在通常意义上的"加入"课堂教学的情况居多。至于信息技术"融入"课堂教学，则基本上还只是一种理想的期待。我孤陋寡闻，我不知道是不是存在我前面描述的信息技术"融入"课堂教学的那种情景，我反正没有见到过。如果有谁见到过的话，不管是老师，还是同学，请直接告诉我，我马上去学习。

大家千万不要以为我这里说的是客套话，是在说笑话，我肯定会这样做的。因为我认为，在信息技术已经广泛而又深刻地影响着我们的生活方式与行动方式的今天,把信息技术拒之于课堂教学之外是不可想象的,把信息技术只是点缀性地"塞入"课堂教学是不行的,只是弥补性地"加入"课堂教学也是远远不够的。进一步来看,即便把信息技术在通常意义上的提升性地"嵌入"到课堂教学中去,也仍然不能回应当今信息化时代对于新教育、对于新教学的呼唤。当今时代呼唤着新教育的诞生、呼唤着新教学的诞生。而只有当我们运用信息技术手段创造出我在前面描述的新时空的时候,所谓同信息化时代相适应的新教育、新教学,才有可能诞生出来。

在这个意义上,我们教育技术工作者真的是担负着一种新的历史使命。这里,我愿意用我在去年差不多这个时候举行的江苏省高校教育技术研究会成立三十周年纪念会上的发言中的一段话来结束我今天的发言。

我说:"在今天这个时代,教育技术工作者到底如何自我定位,肯定是一个值得思考的问题。我还是觉得,在今天这个时代,我

> **教育技术工作者**
> 工匠?技术员?工程师?
> 新教育的思考者、探索者!

们可以用越来越强的口吻说,教育技术工作者不是工匠,或者说不只是工匠,不只是技术员,不只是教育技术方面的工程师,而应当是新学习、新教育的思考者、探索者,应当对教育技术在当代教育中所扮演的越来越重要的角色有更加清晰、更加深刻的认识。我们不能在实际上自己贬低自己 …… 当然,在当今中国教育学界,教育技术学作为一门'学',很难得到主流话语的认同。许多人认为,教育技术也就是一门技术而已,根本谈不上学 …… 我觉得,这是一种偏见。我们可能面临一个很大的挑战,就是要为改变这种不利局面做不懈努力。因为,如果教育技术在学科制度框架中的地位不能得到相应提升,其他一切都是免谈。而教育技术学科的地位提升,在目前情况下要想完全依赖教育理论工作者恐怕很难,我们可能只能自己解放自己,自己拯救自己,我们要为提升我们自己的地位付出努力。这意味着,我们不仅要有技术,还得有理论,得有思想,否则也就确实不是一门学。这是一个严峻的现实,不承认也没有用,想逃避也不行。我们得面对现实,来想一想到底应该怎么发展。一个通常的说法是,教育技术为学校的教学科研服务。这当然没有错,但并不全面,因为一个更重要的事实状况与价值倾向是:我们教育技术工作者不仅仅是在服

务，而且我们本身就是在创造。这一点一定要明确，否则你就仅仅是一个扳螺丝钉的扳手，或者就是螺丝钉本身。我们不仅是为教育质量工程服务的，我们本身就是教育质量工程的一部分，本身就在创造。也就是说，我们教育技术工作者其实是要和教育理论工作者一起，去建构一种新学习，建构一种新教育，我们一起来推动学习与教育的革命性改造。我们不是都说时代改变了，教育信息化时代到来了吗？那么，在这个时代，我们教育技术工作者到底干什么呢？一旦仅仅定位为服务，仅仅是服务，我可以告诉你，那就一切都完了，那就还是二十年前、三十年前的角色。我们不仅仅是服务，而是创造。没有这个理念，我们就不可能有真正的提升。即便有时看上去技术层次本身好像提高了，但说实话，这些技术本身并不是我们创造的。因此，我们得像桑老师说的，有点危机感，有点使命感，有点责任感。往小处讲，我们要努力提高我们自己在单位里的地位；往中处讲，就是要提高江苏高校教育技术界在全国的地位；往大处讲，就是要提高教育技术在必然要发生的整个新教育革命中的地位。如果不提到这个层次上来认识，我们最后肯定还是会自觉地或不自觉地仅仅扮演一个服务者的角色，还是会被认为仅仅是工匠、技术员、工程师。"

在这段话之后，现在我觉得显然还可以再加上一句话，那就是"如果我们最后还是仅仅扮演一个服务者的角色，还只是一个工匠、技术员、工程师的话，那就真的是悲剧了。当然，悲剧也很有价值，但最好不要发生在教育技术学科身上，不要发生在教育技术工作者身上，尤其是不要发生在教育技术学科的研究生身上"！（笑声）